sbs 골프

골프해설위원 **유응열 프로**의

신나는
골프 세상

유응열 **지음**

가림출판사

책머리에

나의 골프 인생에서 두 분의 고마운 분이 있다. 한 분은 후배요, 한 분은 야구 해설가로 유명한 김소식 형이시다. 80년대 초 우연히 후배의 손에 이끌려 골프 채를 잡아 본 순간 테니스에 빠져 있던 나는 너무나 새로운 즐거움에 빠져들게 되었다. 점점 익숙해져 가고 스코어가 줄어듦에 따라 재미를 느낀 나머지 막무가내로 클럽을 휘두르곤 했었다. 그때는 골프의 원리도 몰랐고, 많은 프로들의 정성어린 레슨도 당시로서는 잘 이해할 수 없었다.

그러던 어느 날 골프 프로 자격증이 있다는 말에 새로운 목표를 가졌고 체육 과학연구원을 찾아 다니며 골프 전문 기술에 필요한 기본 과정과 이론을 알게 되었고, 미국 유명 스쿨 등을 다니며 보다 현대화된 실기를 익히기도 했다. 그 후로 KPGA 티칭 프로가 되었는데, 야구가 한창이어서 해설가로 명성을 날리던 김소식 형이 하루는 의미있는 말을 해 주었다. "투어 프로로는 성공하기 어렵다, 골프도 곧 해설가 시대가 올 것이다! 그때를 위해 준비를 해보면 어떻겠느냐"는 권유였다. 이 한마디가 바로 지금의 나를 있게 만들어 준 운명적인 말이 되었다.

1997년부터 경인방송에서 7년, MBC-ESPN에서 3년, 그리고 올해부터 sbs 골프채널에서 새롭게 방송을 시작했다. 그간 기억에 남는 일도 많이 있었다. 특히 내가 중계할 때 우리 한국 선수가 세계대회에서 우승하면 좋겠다는 소원이 이루어졌을 때가 가장 기뻤다. 2005년도 메이저 대회인 US여자 오픈에 김주연 선수가 우승을 함으로써 그 소원이 이루어졌고, 2006년도에는 위창수 선수가 유러피

안투어(말레이시안 오픈)에서 우승을 했던 것도 기억에 남는다. 또한 박세리 선수의 성대결도 인상적이었다. 그 당시 필자는 팀 경기위원으로서 박세리 선수의 바로 옆에서 세계 최고의 선수다운 면모를 직접적으로 느낄 수 있었다. 무엇보다도 4일 내내 디봇의 길이와 깊이가 같았다는 점이 인상적이었다. 나에게는 커다란 공부가 되었다.

이 책에 들어 있는 내용은 아마추어에서 비기너, 싱글 수준의 골퍼에 이르기까지, 또는 골프를 가르치는 티칭 프로에게도 참고할 만한 내용으로서 하루에 한 가지씩 배우고 익히면 쉽게 문제를 풀어 갈 수 있으리라 생각한다. 그동안 국가대표, 프로를 비롯한 수많은 우승한 선수들을 지도해 오면서 축적한 노하우를 나름대로 정리하여 모아 놓은 소중한 자료들을 엮은 것이다. 미국에는 하비페닉의 리틀레드북이 있듯이 한국의 리틀레드북이 되기를 간절히 바라는 마음에서 감히 출판하게 되었다.

끝으로 한국일보에 감사한다. 3년간이나 '신나는 골프'라는 제호로 연재된 내용이 이 책의 토대가 되었다. 특히 지금은 캐나다에서 생활하고 있는 남재국 기자에게 감사한다. 나에게 골프를 하게 해 준 대한민국에 감사하고, 사랑하는 가족과 나의 아내에게 감사한다.

대한민국의 모든 골퍼들이여 싱글 하소서!

유 응 열

Contents

Beginning of golf

Chapter 1

한 걸음씩 천천히
기본부터 나아가자

빈 스윙이 최고의 스승

"오늘은 바람도 제법 차구먼. 어디 연습 안 하고 싱글 되는 법 없수?"

"아! 백파(百破)님 오셨는가? 십 년 지나면 다 싱글이 된다는데 어디 기다려 보시게나."

등 뒤에서 들려오는 주말 골퍼들의 한담에 문득 홍수환 선수의 챔피언 시나리오가 생각이 난다. 칠전팔기의 신화를 이룩한 챔피언 홍수환은 상대를 눕힌 후에

"엄마, 나 챔피언 먹었어."

"아이고, 그래. 대한민국 만세다!"

추운 겨울에도 체육관에서 콧김을 팍팍 뿜으며 빈 링 위에서 세도우 복싱을 하는 것을 본 적이 있다. 돌이켜보면 결국 그 '빈 주먹질'이 챔피언을 만든 셈이다.

가끔 연습장 거울 앞에서 구분동작으로 스윙 자세를 체크해 보는 것은 아주 바람직하다. 이런 구분동작을 연결하면 하나의 스윙이 된다. 일명 '빈 스윙'이라는 것이다. 빈 스윙은 볼을 맞춰 정확히 보내야 하는 스트레스가 없다.

따라서 백 스윙 때 체중이 자연스럽게 오른쪽으로 넘어가 몸통회전이 충분히 이뤄진 톱 스윙이 만들어진다. 다운 스윙 때도 볼이 없기 때문에 무리하게 힘을 주지 않게 되고 자연스러운 다운 리듬을 낳는다. 타이밍

역시 좋지 않을 수 없다.

　다운 스윙과 백 스윙은 서로 역순이다. 백 스윙은 등 뒤의 사람과 악수하기 위해 왼팔을 오른쪽 뒤로 돌리는 모습을 연상하면 된다. 다만 좀 더 많은 회전을 위해 허리를 오른쪽으로 돌리고 왼쪽 무릎도 오른쪽으로 조금 움직여 왼쪽 어깨가 턱밑에 오게 하면 완성이 된다.

　다운 스윙은 지면에 붙어 있는 부분부터 백 스윙의 반대로 이동, 마지막으로 클럽 헤드가 볼에 부딪치게 되는 것이다.

　이런 일련의 연습동작들이 쌓여서 하나의 스윙이 만들어지고, 이런 빈 스윙이 싱글 골퍼 수준의 부드럽고도 멋진 스윙으로 완성된다. 주니어 선수나 프로 골퍼들이 하루 1,000번씩 하는 빈 스윙, 주말 골퍼들은 하루에 100번씩 1년만 하면 싱글이 된다. 빈 스윙으로 연습장 매트의 고무티를 평생 3개만 잘라냅시다!

Tip ＿＿＿＿＿＿＿＿＿＿＿＿＿＿＿ >>>
　1. 연습 스윙이 제 1의 스승이요,
　2. 연습이 제 2의 스승이며,
　3. 레슨 프로는 제 3의 스승이다.

캐디 말 들어 나쁜 꼴 못 봤다

'내가 1951년 US오픈 때 스코어는 61타였다. 이 숫자는 가히 천문학적인 숫자가 아닐 수 없다', 벤 호건의 골프 푸념 중 하나이다. 그때 그 스코어에도 실수한 샷이 있었기 때문이다. 2타 정도는 더 잘 칠 수 있었다는 아쉬움이 남는다며. 그리고 그때 이후로는 61타에 가까이 가보지 못했다고 한다.

미국 PGA 사상 한 라운드 최소타는 59타다. 아마 골프의 신(神)과도 대등한 경기를 펼칠 수 있는 스코어가 아닌가 생각한다. 도대체 어떻게 쳐야 59타라는 스코어가 나올 수 있을까? 간단히 따져 봐도 18홀 72타에서 이글 2개, 버디 9개, 파 7개를 해야 13언더파가 된다. 물론 1타의 실수도 있어서는 안 된다.

우리 같은 범인들은 하늘의 별따기다. 72타만 해도 올라가기 힘든 나무다. 그러나 정확한 드라이버 샷, 자로 잰 듯한 아이언 샷, 귀신 같은 퍼팅이 이뤄진다면 우리도 싱글 수준에 도달하지 못할 것도 없다.

가장 접하기 쉬운 비결 중 하나는 바로 어여쁜 캐디 사부님의 가르침(?)에 있다. '이 홀의 퍼팅 라인을 이렇게 보세요(퍼팅 라인 읽어주기)', '이런 상황에서는 이렇게 하세요(웬만한 룰 가르쳐주기)', '몸에 힘들어가니 힘 좀 빼세요', '연습 스윙을 조금 더하세요', '체중을 옮기세요', '머리 들지 마세요', '심호흡을 하세요', '그까짓 것 빨리 잊으세요', '조금 더 보세요', '한 클럽 길게 잡으세요', '그립을 조금 살짝 쥐세요', '조금 더 돌아서세요', '집중하세요', '굴리세요', '(수풀, 벙커 등에서)나오기만 하세요', '글씨대로 치세요', '남 탓하지 마세요', '아침이든 저녁이든 런닝 좀 하세요' 등등 끝이 없다. 하지만 한 마디 한 마디가 경이다. 느끼고 이해하고 행하면서 1타씩만 줄여도 싱글이요 스크래치 골퍼다.

골프는 체력 10%, 기술 20%, 심리 70%이다. '나의 불행이 남의 행복'인 골프장에서 유일한 나의 편은 잔소리 아닌 잔소리를 해대는 캐디뿐이다. '캐디 잘 만나면 그날 라운드는 최소한 5타가 준다'는 평범한 얘기는 그래서 진리다.

Tip _____ >>>

1. 고개를 들지 않는다.
2. 힘을 뺀다.
3. 피니시를 끝까지 한다.

룰을 알면 10타는 준다

'볼은 티 위에 올려진 뒤부터 홀에서 꺼낼 때까지 절대 손으로 만져서는 안 된다. 볼이 러프에 있을 때도 절대 허리를 굽혀서는 안 된다'라고 찰리 프라이스(미국의 골프작가)가 골프 룰에 대해 아주 간략하게 요약한 말이다. 플레이 중 볼을 건드리거나 집어 들게 되면 1∼2타의 벌타를 받게 된다. 그러나 골프 룰을 웬만큼만 알면 그런 손해를 보지 않는다.

골프의 룰은 골프가 처음 생겨난 500년 전에도 있었겠지만 1744년 처음으로 공식적인 13개조 룰이 만들어졌다. 이후 발전에 발전(?)을 거듭, 34개조 300개항으로 늘어났다. 국내에서도 국제대회가 자주 열리면서 세계정상급 선수들이 자주 내한하는데 그들이라고 룰을 전부 숙지하고 있는 것은 아니다. 물론 OB(Out of Bounds)나 워터해저드, 로스트볼 등 자주 접하는 규정은 알고 있으나 아리송한 것은 경기위원의 처분을 받게 된다. 하지만 아마추어들은 입장이 다르다. 스스로의 노력이 필요하다. 한두 번 룰에 관한 책을 읽어보면 좋은 구제방법들을 알게 된다.

1장은 에티켓으로 타인에 대한 알뜰한 배려로 최상의 분위기를 유지하는 것이다. 2장은 골프 용어의 해설이고, 3장은 플레이의 규칙이다. 규칙의 첫 번째 원칙은 볼은 '있는 상태 그대로 플레이를 해야 한다'는 것이고 두 번째는 '반드시 홀아웃한다'라는 것이다.

플레이를 하다보면 본의 아니게 OB나 워터해저드, 로스트볼의 상황에 처하게 되고 언플레이어블도 선언하게 된다. 이런 종류의 실수에는 1벌타가 부과되며, 실수가 아닌 고의성이 인정되면 2벌타를 받게 된다. 가령 벙커에서 볼의 주변에 있는 나뭇잎 등을 치우거나 어드레스 때 클럽 헤드가 모래에 닿는 등 자신의 플레이를 유리하게 하기 위한 조치를 취하면 건당 2벌타씩 받는 것이다.

경기실격도 있다. 스코어의 부정이다. 일단 룰에 의해 1벌타 이상 받으면 그 벌값으로 볼 위치로부터 2클럽 이내 홀에 가깝지 않은 곳에 드롭하고 플레이를 계속할 수 있다. 그러나 무벌타 드롭(프리 드롭)이 있는데, 이것은 골프장의 로컬룰이 지정하는 상황에 대하여 벌타 없이 1클럽 이내 드롭해 플레이를 계속하게 되는 것이다.

플레이 전에 그 골프장의 스코어카드 등을 살펴보면 벌타 없이 드롭할 수 있는 곳이 명시되어 있으므로 스코어에 유리해 질 수 있다. 또 어느 상황이든 캐디에게 조언을 구하면 규칙에 대한 적절한 어드바이스를 들을 수 있다. 하루 플레이를 하는데 90~100대의 골퍼 스코어에는 보통 벌타가 10타 정도 차지한다. 룰을 알고 스코어를 줄이는 것도 골프의 기술이다.

한 걸음씩 천천히 기본부터

"도대체 맨날 98타야. 어떻게 해야 스코어가 주는 거야?"

필자를 보자 친구인 박 사장의 푸념이 시작됐다.

"한 달에 5~6번 시간 내서 라운드하고, 연습장도 열심히 다니는데 왜 스코어는 안 주는지 모르겠어!"

푸념이 끝이 없다.

"이 친구야, 우선 바닥에 있는 볼을 띄우면 100타를 친다네. 바닥에 있는 볼을 띄우려면 연습장에서 기본기를 익혀야 가능하기 때문이지. 스탠스와 에임(조준) 스윙, 그립 등을 연습하고, 일명 '똑딱 볼'을 치면서 클럽을 들어 반대편으로 휘두르면서도 균형 있게 설 수 있는 연습이 되어야 하네. 그 다음 매트 바닥에서 클럽의 헤드 부분이 볼을 지나칠 때 힘으로 때리지 않고 톱 스윙에서 피니시를 빠르게 돌려대면서 맞춰야 한다네. 이때 머리가 위 아래로 움직이거나 무릎이 펴진다거나 하면 클럽의 페이스를 잘 맞춰줄 수가 없어. 이것이 필드에서 제대로 될 때서야 100타를 칠 수 있고 또 100타를 깬다고 하네. 이때 우리는 일명 백파라는 골프의 호를 주지."

"다음으로는 이렇게 맞춰진 볼이 100야드를 날면 90타를 친다네. 18홀의 라운드에서 홀당 2퍼팅씩 36타를 제하면 54타가 남지. 그렇다면 티박스에서 그린까지 홀당 3타씩 칠 수 있는 여유가 생기지 않는가?

보통 국내골프장 화이트티는 아무리 길어야 전장이 6,000야드가 넘지 않고 좀 짧으면 5,400야드 정도 되는 곳도 있지. 그렇다면 홀당 300야드 밖에 더되나. 3타씩 그린 온이면 타당 100야드면 족하지. 그런데도 그저 멀리 보내려다가 OB내고, 러프에 떨어뜨리고, 벙커에서 철퍼덕거려 이래저래 타수의 손해를 보게 되지. 그래서 자넨 집사람한테도 지는 거야."

　"아무튼 제대로 서서 그립을 하고, 볼을 패서 보내려고 하기보다는 헤드로 퉁겨서 보내겠다는 생각으로 피니시를 하면 훨씬 더 가볍게 맞고 그것도 클럽의 한가운데(스위트스포트)에 자연스럽게 맞게 돼 멋진 드라이버 샷이 되네. 여기에다 친 볼이 좌우를 알면 80대를 치는 거야. 드라이버가 그저 OB 없이 페어웨이 가운데 쪽으로 가면, 세컨드 샷이 좌우측 그린으로 가고, 벙커에서 온이 안 되면 어프로

치로 툭 쳐서 온 시키고 1~2퍼팅으로 끝내면 반파 반보기로 18홀을 끝내게 되지. 바로 싱글 입문이야. 반파 반보기면 81타거든. 거기다가 퍼팅만 잘하면 70대를 치는 거야. 버디 몇 개 잡으면 77, 76타를 칠 수 있지. 69타? 그건 엄두도 내지 말게. 먹고 이것만 해야 되네."

싱글다운 싱글로 가는 길

'싱글은 천지(天地)를 알아야 한다'는 말이 있다. 라운드 후 무용담만 들어도 그가 얼마나 치는지 가늠할 수 있다.

'오늘은 왜 이리 디봇이 많아', 자기 발밑을 제압하면 90대 스코어.

'저 앞 미루나무의 까치집이 을씨년스럽구면', 자기 눈높이를 장악하면 80대.

'저 그린 위 하늘에 바람이 어느 쪽이지', 하늘을 알면 70대 싱글이다.

여기에다 '내리막이니까 왼쪽으로 훅이 나서 OB가 될 수 있으니 우측 벙커를 보고 치자', '좀 세게 맞으면 워터해저드에 빠지니 편안하게 조금만 치자', '그린 옆 벙커를 의식하지 말고 자신 있게 풀 스윙하자', '뒤가 OB니까 조금 짧게 올리고 퍼터로 공략하자', '오르막이니 조금 세게 치자' 등 진정한 싱글이 되려면 코스매니지먼트, 골프 기술, 심리극복, 체력상태 등을 언제나 체크해야 한다. 또 이론에도 해박해야 한다.

일례로 골프의 역사는 물론 1조에서 34조에 이르는 룰에 대한 완전한 이해와 매너가 필요하다. 골프 게임의 종류(스트로크플레이, 스킨스, 매치플레이, 낫소, 베스트볼, 혼성, 캘러웨이 방식 등), 아이언 형태(캐비티백, 머슬백 등)와 그에 따른 타법 등에 대한 지식이 있어야 한다.

또 백 스핀은 어떤 클럽이 더 잘 먹히는지, 거리는 스틸보다 카본 샤프

트가 더 나고, 프로는 거리보다 방향이 중요하니 스틸을 쓰고, 그립의 성별 사이즈는 어떻고, 그립이 굵으면 훅이요, 가늘면 슬라이스라는 사실 등을 알고 있어야 한다. 뿐만 아니라 그립에는 오버래핑과 인터록킹이 있고 스탠스, 셋 업, 어드레스, 백 스윙, 톱 스윙, 다운 스윙, 임팩트, 임팩트 존, 팔로, 피니시의 구분동작은 어떻고, 연결은 어떻게 해야 하며, 싱글은 자기 거리는 자기가 갖고 있기 때문에 클럽의 품질을 떠나 손에 익은 것을 쓴다는 등등 여러 가지를 알고 있어야 한다. 스푼, 버피, 클리크, 롱 아이언 연습을 꾸준히 해두면서 쇼트 아이언의 충분한 연습도 필요하다.

쇼트 게임, 벙커 샷, 러닝 어프로치, 피치 앤드 런, 로브 샷, 칩 샷, 트러블 샷, 롱 퍼팅, 쇼트 퍼팅 등 상황에 맞는 클럽으로 충분히 숙달하고 꼭 홀 인 시키겠다는 정신력과 심리적 안정감을 찾아가는 방법을 알면 싱글 OK!

왼손 엄지를 오른쪽 귀에 넣자

모처럼의 일요일. 자칫 늦으면 고속도로는 만차다. 티업시간에 늦을까, 옆 차선을 보니 씽씽 달리는 버스전용차선… 유혹이 굴뚝같지만 오늘은 철저히 룰을 지키는 날로 삼자고 다짐을 한다.

그런데 우린 골프 스윙에도 룰(차선 또는 궤도)이 있다는 것을 잊을 때가 있다. 특히 각 클럽에서 만들어진 어드레스부터 백 스윙 톱에서의 헤드위치는 달라져야 하는데, 매번 같은 위치에 머무르게 된다. 즉 업라이트 스윙과 플랫 스윙 등 구별이 되어야 하는데 어떤 클럽이든지 간에 한 곳에 맞춰지는 경우가 있다.

그 방법은 드라이버나 우드는 왼손 그립의 엄지손가락이 오른쪽 어깨를 가리키며 올라가야 하고(플랫 스윙), 롱 아이언(3, 4번)은 어깨뼈 위, 즉 군대시절의 내무반장 표식 위로 올려줘야 한다.

또 미들 아이언(5, 6, 7번)은 왼손 엄지손가락이 목을 가르키면서 올라가야 되고 쇼트 아이언(8, 9번)은 어드레스 때 만들어진 왼손 그립의 엄지손가락이 오른쪽 귓구멍에 들어가도록 들어올린다(업라이트 스윙).

즉 왼손의 위치가 바뀌어야만 클럽 헤드가 요구하는 스윙 플랜이 만들어지게 된다. 가끔은 혼동하게 되는 것이, 스윙의 동그라미는 같으나 스윙의 궤도는 다르다는 것이다.

스윙은 골퍼의 목을 중심으로 각 클럽의 길이에 따라서 원호의 크기가 달라지는 것이고, 또 볼을 띄울 것인지(어퍼블로), 깔아 칠 것인지(다운블로)에 따라 볼의 위치가 배꼽 앞에서 왼발 뒤꿈치로 서서히 옮겨가는 것이지만 스윙의 궤도는 클럽의 라이 각도에 따라서 변하게 되는 것이다.

쇼트 아이언일수록 라이의 각이 크기 때문에(9번 아이언 63°, 3번 아이언 57°) 번쩍 들어올려야 되고 우드로 갈수록 허리 쪽으로 내려 주어야 한다.

이렇게 생각해보면 백 스윙 톱에서 시루팥떡을 오른손으로 받쳐 들고 왼손으로 잡고 있다면 맨 아래 켜는 드라이버요, 맨 위의 켜는 피칭 웨지 판이 된다.

Tip_____>>>
1. 우드는 왼손을 오른쪽 어깨 위로 올린다.
2. 미들 아이언은 목 둘레로 올린다.
3. 쇼트 아이언은 오른쪽 귀로 올린다.

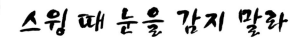

스윙 때 눈을 감지 말라

온 천지가 녹색으로 물든 상춘의 계절은 골퍼들에겐 더없이 좋은 시기이다. 산뜻한 옷 갈아입고 새 장갑 낄 양이면 더 없이 즐겁다.

"오늘은 OB 내지 말고, 벙커에도 빠뜨리지 말고, 스리 퍼팅도 하지 말아야지. 절대로 화도 내지 말아야지…."

그러나 드라이버 샷부터 미스, 세컨드 샷으로 우드 잡고 토핑, 어찌어찌 한 홀 끝내고 다시 티 박스에 서니 귀가 윙윙거리고 볼도 잘 보이질 않는다. 잔뜩 힘이 들어가서 다시 다운 스윙하니 볼이 어디 갔는지 모른다. 골퍼라면 한 번씩은 겪어 본 통과의례다.

"나 헤드 업 하는가 봐 줘."

"아니, 안하는데."

"그런데 왜 그러지, 도대체 모르겠네."

우리는 가끔 골프 잡지에서 유명 프로들의 멋진 임팩트 사진을 볼 수 있다.

필자는 그런 사진에서 가장 먼저 선수가 눈을 크게 뜨고 임팩트를 하는지를 본다. 아마 열의 여섯은 눈을 감고 친다. 이것은 '헤드 업 하지 마시오' 보다 더 나쁘다.

헤드 업은 그래도 볼을 보고 있다가 임팩트 직전에 자신의 볼이 어디로 가는지를 확인해 보고픈 갸륵한 마음에서 눈을 뜬 채 빠르게 머리를 움직여 생긴다.

하지만 눈을 감는 것은 가슴에 힘을 너무 많이 넣은 채 빠르게 볼을 때리려다 순간적으로 발생한다. 즉 사람은 자신의 눈으로 무언가 빠르게 움직이거나, 놀래거나, 순간적인 힘을 쓰게 되면 눈을 감게 된다.

그래서 볼을 정확하게 보지 못하게 되고 볼과 자신과의 정확한 거리판단에 착오가 생겨 미스 샷이 나온다.

이제는 어드레스 때 볼의 전체를 보지 말고 1개의 딤플을 보도록 하자. 또 그냥 봐도 안 된다. 볼이 찌그러져라 눈에 힘주어 째려보아야 한다. 그래야만 볼이 무서워서 아무데나 도망가지 못한다. 마치 권투선수가 얻어터져도 눈 뜨고 맞듯이….

Tip_____>>>
1. 눈을 크게 뜨자.
2. 1개의 딤플을 쳐다보자.
3. 다운 스윙은 딤플을 치자.

연습장은 훌륭한 선생님

　한국프로선수권대회에서 노장 최윤수 선수는 66타(버디 7개, 보기 1 개), 또 매경오픈골프대회에서 최상호 선수는 코스레코드를 15년 만에 경신하면서 64타라는 경이적인 스코어로 우승했다. 정말 두 노장 선수에 게 기립박수를 보낸다. 특히 젊은 선수들도 따라가지 못할 정도의 피나 는 연습의 결과다.

　우스갯소리로 '연습 안 하고 공 잘 치는 방법 없나?' 중얼거리기도 하 지만, 세계의 '빅 3' 중 한 명인 남아공화국의 흑표범 게리 플레이어는 투어 생활 40년 동안 약 700만 개의 연습 볼을 쳤다고 한다. 하루 약 480 개를 친 셈이다. 금세기 최고의 골퍼 타이거 우즈 역시 대회 중 많게는 매일 800개의 연습 볼을 친다고 한다.

　골프 입문 1년 안에 80대를 못 치면 평생 안 된다는 말도 있다. 이는 골프를 시작해서 가장 열의가 있고, 피나는 연습이 뒤따르기 때문이다.

　요즘은 멋지게 기계화, 현대화된 연습장이 많다. 건드리기만 해도 티 의 높이가 조절되고 치기만 하면 볼이 또 나온다. 그런데 연습하는 위치 에 따라서 훌륭한 샷을 만들 수 있는데 자신의 구질에 맞는 위치에서 연 습하는 골퍼는 그리 많지 않다.

　우선 슬라이스가 많이 나는 골퍼는 타석의 맨 우측 끝으로 가서 왼쪽에 있는 타깃을 향하여 볼을 감아 치는 연습을 한다. 그러면 손목이 롤링 되어 자연스럽게 슬라이스가 고쳐지게 된다. 반대로 혹이 많이 나는 골 퍼는 맨 뒤쪽으로 가서 연습을 해야 된다.

너무 많이 일찍 감아서 만들어지는 혹성 구질은 양손을 타깃 쪽으로 밀 어치게 되는 연습이 되어 적당히 펴지게 되는 구질이 만들어진다.

스트레이트 볼은 연습타석 가운 데 부분에서 가슴, 배, 오른쪽 허 벅지, 오른발 등이 피니시 때 목표 방향을 향하게 서 주는 연습을 하 면 된다. 또 매일 14개의 클럽을 모두 꺼내 연습하는 사람도 있는 데 홀수 날은 홀수채, 짝수 날은 짝수채로 연습하는 것이 훨씬 효 과적이다.

연습을 끝내고 웃고 가는 골퍼 와 공연히 찡그리고 스트레스만 받고 돌아가는 골퍼가 있기 마련 이다. 연습장을 훌륭한 선생님이 라고 생각하고 열심히 하자.

장타는 경타에서 나온다

녹음이 우거진 들판에 따갑게 내리쬐는 태양 아래에서 파아란 하늘로 멋지게 한 방 날리는 생각만 해도 히죽 입 꼬리가 올라간다.

누워서 천장을 보면서 볼을 치면 빨랫줄 장타인데 막상 나가서 드라이버만 잡고 볼 앞에 서면 어떻게 쳐야 하는지 다 잊어버린다.

'이렇게 치면 슬라이스요, 요렇게 치면 뒤땅, 몇 번 그러다 보면 화만 나고 채를 집어 던지고 싶고 이놈의 것 왜 시작했나 싶고.'

그러나 옛말에 역지사지(易地思之)라는 말이 있지 않은가. 볼의 입장이 되어 생각해 보자.

볼이라고 페어웨이에 멋지게 날아가고 싶지 않겠는가. 옆구리 맞고, 머리 맞으며 바위에 부딪혀 가면서 가기 싫은 러프에, OB에, 워터해저드에, 벙커에 갈 수밖에 없는 볼의 심정은 오죽 하겠나. 게다가 로스트볼까지. 값이나 싼가. 중고 볼도 한두 번이지.

골프는 골퍼, 클럽, 볼 이 세 가지가 삼위일체가 돼야 한다. 실제 홀로 날아가는 것은 볼이요, 날려주는 것은 클럽이요, 골퍼는 그저 클럽만 잡고 휘두르면 그만이다. 그런데 골퍼가 클럽을 움켜쥐고 볼을 세게 때려 보내려고 하니 그 볼이 제대로 안 가는 것이다.

시니어 프로인 한장상 프로가 '장타는 경타에서 나온다'는 말을 한 적이 있다. 우리 골퍼들에게는 금지옥엽과도 같은 말이다. 클럽 헤드의 가운데(스위트스포트)에 맞춰 주는 것이 첫째요, 헤드가 자연스럽게 빨라지면서 볼을 지나치는 것이 둘째요, 목표를 향해 균형 잡고 서는 것이 셋째다. 그러면 거리와 방향이 저절로 맞게 된다. 10m 더 나간들, 덜 나간들 어떠하랴. 어차피 그린에 온이요, 10m 퍼팅인 것을.

  기본으로 돌아가자. 7번 아이언 들고 고무 티에 볼을 올려놓고 처음 볼을 배울 때 그래도 130야드는 가지 않았는가. 그래 오늘 연습은 꼭 한 박스를 티에 놓고 옛날 생각하면서 클럽의 가운데 맞게 스윙만 하자.

스코어를 줄이려면

이승엽 선수의 홈런 한방은 한 여름에 시원스레 쏟아지는 소나기와 같이 기분을 상쾌하게 해준다. 그런 이승엽 선수가 한때는 타격 폼을 바꾸더니 시범경기 12게임에서 1개의 홈런도 날리지 못했던 적이 있다.

그동안 특유의 외다리타법으로 홈런을 펑펑 날렸던 그로서는 몹시 초조했을 것이다. 지나치게 홈런이 나오지 않자 슬그머니 종전처럼 다리를 조금 올리기 시작하는 모습이 보이기 시작했다.

본인은 방망이에 힘이 안 실린다고 하지만 타율은 오히려 3할 대를 웃돌 정도로 좋았다. 과도한 스윙 동작은 일발 장타는 나올 수 있으나 정확도의 확률에서는 뒤떨어진다.

골프는 바로 확률 게임이다. 예전에는 '보다 멀리, 보다 정확히'라고 했지만 이제는 웬만한 플레이어도 240야드 이상은 어렵지 않게 날리기 때문에 '보다 정확히, 보다 멀리'로 문구가 바뀌어야 할 상황이다.

이승엽 선수의 타율이 좋은 이유는 골프로 얘기하자면 임팩트 바로 직전에 과도한 몸놀림을 줄이는 데 있다.

우리는 자신이 원하는 스탠스의 넓이보다도 항상 볼 1개 정도의 넓이를 줄여 스윙을 하면, 스윙하는 데 리듬과 타이밍에 충실할 수가 있다. 볼을 정확하게 맞힐 수 있는 여유가 바로 정확한 방향과 거리를 만들어준다.

오랜만에 봄바람 맞으면서 필드에 서면 자신도 모르게 한방 멋지게 날리고 싶은 욕심이 나지만 자칫 실수라도 하면 괜히 스코어만 손해 보게 된다.

대개 보기 플레이어들이 스코어를 손해 보는 이유는 샷에는 웬만큼 자신이 있어 파 5홀만 들어서면 2온을 노리는 유혹에 시달리기 때문이다. 그러나 솔직히 아마추어가 파 5에서 2온에 성공한 경우는 별로 없다.

대개 2온 시키려다 보기를 하고, 보기를 하면 이내 흐름이 망가지게 된다. 편안하게 3온을 전제로 한 작은 스탠스의 스윙이 항상 무리 없는 페어웨이 키핑으로 스코어를 줄여가는 좋은 방법이 된다.

스탠스의 폭을 약간 줄이면 스윙하는 데 리듬과 타이밍을 잘 맞출 수 있다.

반의 반을 쓰자!

미 공군 엔지니어였던 머피는 삶의 지혜가 스며있는 말을 자주 썼다.

그래서 '어떤 일이든지 몇 가지 선택의 여지가 있을 때 항상 그 선택은 제일 나쁜 쪽이 된다' 는 의미의 내용이 머피의 법칙이 되었다.

골프에서 머피의 법칙은 '너무 오래 생각하면 어려운 샷은 불가능한 샷으로 바뀐다' 이다. 완벽을 기하려고 방향과 자세를 꼼꼼히 잡고 그립부터 스윙까지 일일이 체크하려고 하면 짧은 순간에 너무 많은 것을 준비해야 하기 때문에 오히려 자세는 흐트러지게 된다.

'바둑에서 장고 끝에 악수 나온다' 는 말과 같다. 그런저런 것들이 클럽만 잡으면 자동적으로 만들어질 수 있도록 평소에 연습을 많이 해 두어야 한다.

연습장의 스윙 때 반의 반만 생각하고 치자. 골프는 준비과정에서는 일일이 체크할 수 있으나 스윙 단계에서는 체크할 수 없고 체크한 대로 쳐낼 수도 없다.

사람의 근육은 어떤 일을 자동으로 하기 위해 그 동작을 12번 정도는 반복해야 순간적이나마 단 한 번 정도 자동으로 된다고 한다.

또한, 한 동작에 익숙해지려면 3만 번 이상 계속해야 되고, 프로의 경지에 들어가려면 5,000시간을 반복해야 한다.

그래서 '골프를 시작해서 일 년 내에 100타를 못 깨면 평생 어렵다' 는 말이 있다.

　이 뜻은 반사적으로 나올 수 있는 스윙의 근육형태가 단시간에 만들어
진다는 것을 의미한다. 빈 스윙을 하루에 백 번씩 한 달만 하면 90대는
어렵지 않다.

골프, 이까짓 것…

매년, 올해에는 좀 더 골프를 신나고 멋있게 쳐야겠다고 의욕을 가져 보지만 기량을 늘릴 수 있는 연습은 왜 그렇게 하기 싫은지….

그냥 멀거니 골프채만 쳐다보다가 골프 책을 들척이며 해결해볼까 하다가, 작년에 보기 플레이하는 친구가 자기 부인과 라운딩을 하면서 즐거워하는 모습이 떠올랐다.

운전과 골프는 안 가르쳐준다고 하는데 그 친구는 무던하게도 아내의 볼을 찾아주고 스윙 폼도 잡아주고, 잘 안 되는 것을 애써 되게 해주려는 것을 보니 참 보기 좋았다. 필자도 이제 아이들을 웬만큼 키웠으니 우리 마누라와 같이 쳐야겠다는 생각이 문득 들었다.

그날 집에 가서 무엇부터 가르칠까 생각하다가 세탁기 돌리는 와이프를 불러 퍼터를 주고 아무렇게나 잡아보라고 했더니 TV에서 본 것은 있어서 어정쩡하나마 흉내는 냈다. 카펫 위에서 탁자의 다리를 1m쯤 떨어진 곳에서 볼로 맞혀 보라고 했더니 놀랍게도 10개를 계속 맞히는 것이 아닌가.

'어! 신동 아니야, 아마 나 같으면 2~3개는 빗나갔을 텐데.' 라이 보고, 결 보고, 폼 잡고, 어쩌고….

그래 조금만 연습시키면 올 여름, 그늘 집에서 시원한 맥주 한 잔 같이 할 수 있겠다.

"아, 뭘해요? 더해요, 말아요. 이까짓 것 가지고."

사실 우리들은 이까짓 것 가지고 얼마나 많은 화를 내고, 실망을 하고, 무슨 퍼터가 좋은지, 몇 인치짜리가 나한테 맞는지 얼마나 많은 고민을 했던가.

남아프리카공화국의 흑표범 게리 플레이어는 하룻밤에 탁자다리를 연속 100번 맞히지 않으면 잠자리에 들지 않았다고 한다. 어떤 날은 창문이 밝아올 때까지 연습을 계속한 적도 있다고 한다.

휴지를 2m 정도 뜯어다 카펫 위에 놓고 볼이 휴지 위로만 굴러가게 하는 연습을 해보자. 홀의 지름과 휴지의 폭은 거의 같기 때문이다.

스윙의 메커니즘

　오랜만에 둘째 녀석과 맛있게 점심을 먹었다. 이녀석 젓가락질이 이상해서 가만히 보니 검지손가락 위에 하나, 가운데손가락 위에 하나씩 올려놓고는 검지손가락만 움직여서 반찬을 먹는다.

　햐! 이거 애비가 자식 녀석 젓가락질 하나 제대로 못 가르쳤나 싶어서,

　"애야, 젓가락은 이래이래 잡고 이래이래 해야 잘 되고, 남보다 더 맛있는 것을 더 먹을 수도 있고, 이렇게 하는 것이 바른 방법이란다. 해봐라!"

　"아빠, 이런 노래가 유행 했었던 적이 있어요. 젓가락질 잘 해야만 밥 잘 먹나요. 연필 잘 쥔다고 공부 잘 하나요."

　골프도 그냥저냥 편한대로 클럽 잡아 볼만 잘 날리고, 바로 보내면 되지 않을까라고 생각할지 모르겠다.

　그러나 같이 밥 먹고 싶은 사람, 같이 플레이 하고 싶은 사람이 되려면 남들이 싫어하는 것은 피하는 것이 좋지 않을까.

　한때 아놀드 파마의 스윙이 최신 유행이 된 적도 있었다. 무릎을 구부리고 어깨를 푹 숙인 채로 퍼팅하던 그의 모습이 우승하던 날부터 유행하기도 했고, 드라이버 스윙도 피니시 때 머리 위로 양손을 올리는 자세가 최신 타법이 되기도 했다.

　그러나 스윙의 메커니즘과 과학적인 근거가 알려지면서 타이거 우즈

의 역학적인 스윙 모습이 정확한 거리와 방향을 만든다는 것도 알게 되었다.

'백 스윙의 스윙 궤도가 다운 스윙 때 다시 백 스윙의 체크 포인트(궤도)에 돌아올 수 있도록 단계별로 하면서, 어드레스는 임팩트의 재현이다' 라는 생각으로 내려주면 아주 좋은 다운 스윙과 임팩트가 만들어진다. 그리고 볼을 친 후 머리가 아직 볼이 있던 곳을 보고 왼쪽 뺨이 목표 방향을 가리키고 왼손 엄지손가락이 목표를 향하면서 샤프트 역시 목표를 가리키면 된다.

그리고 양손이 목 오른쪽 부위와 어깨 사이로 올라가면서 자연스럽게 피니시가 되면 정확한 스윙 궤도가 만들어지고, 볼은 목표를 향해 멋진 비행을 시작하게 된다. 가슴과 배, 오른쪽 허벅지 앞쪽과 왼발 등이 목표 방향을 볼 수 있도록 자연스럽게 세우면 볼은 말 그대로 펀하이가 된다.

잭 니클라우스의 백 스윙

'황금곰' 잭 니클라우스가 이제는 '호랑이' 타이거 우즈를 후계자로 대물림하면서 그린 뒤로 물러났다. 1996년 시니어투어 우승 이후 다시 정상에 오르지 못한 그는 앞으로 대회에 자주 나오지 않겠다고 말했었다.

그를 사랑하는 전 세계 골프 팬들에게는 무척 아쉬운 말이다. 한때 세계 최장타자이자 스윙의 모델이기도 했던 그가 왼발을 들면서 백 스윙을

하는 모습을 더 이상 자주 볼 수가 없을 것 같다. 장타 없이는 세계 최고가 될 수 없기에 체력의 저하는 어쩔 수 없었나 보다.

잭 니클라우스의 스윙은 현재도 체격이 그와 비슷한 골퍼들에게 사랑받고 있다. 백 스윙 스타트 때 머리를 오른쪽으로 돌려 왼쪽 어깨의 회전력을 좋게 해주는 것, 왼발 뒤꿈치를 들어줌으로써 오른발로 체중이동을 확실하게 해주는 것, 백 스윙의 톱에서 왼팔 겨드랑이부터 팔꿈치

까지 가슴에 붙이는 것(다운 스윙 때 몸통의 회전을 좋게 해 줄 뿐 아니라 회전속도를 이용해 클럽 헤드의 원심력을 크게 증가시켜 주고, 헤드의 스피드를 순간적으로 아주 빠르게 해 그 속도를 바로 볼에 전달해 준다) 등이 장타의 요인이었다. 왼팔을 몸에 붙여 서는 것은 체격과 나이에 관계없이 장타를 내는 좋은 방법이다. 백 스윙의 톱에서 다운 스윙 직전의 모습은 그다지 왼팔이 몸에 붙지 않는다. 다운 스윙에서 손부터 내리면 왼팔의 윗부분이 몸에 붙지 않지만 톱에서 왼쪽 겨드랑이를 먼저 돌리면 왼팔은 순식간에 몸에 붙게 된다.

그 상태로 빠르게 왼발에 힘을 주면서 피니시로 이어 가면 자신도 놀랄만한 빨랫줄 타구가 만들어진다. 이때 볼을 잘 쳐다보아야만 정확히 맞힐 수 있다.

또 아주 중요한 포인트는 스윙 중 임팩트에 대한 관념을 없애야 한다. 임팩트를 생각하면 빠른 스윙을 할 수가 없다. 순간 정지상태가 만들어져야 할 것 같은 생각에서 스윙의 속도가 떨어지기 때문이다. 임팩트를 빼 버리자. 백 스윙 톱과 피니시만이 존재한다고 생각하자.

어드레스의 생명은 허리 각도

시작이 반이다. 무슨 일이든지 해내겠다는 마음을 갖고 시작하면 이미 절반은 성공을 한 것이라는 격언이다. 이 말을 골프에 비유한다면, 그 절반은 바로 어드레스다.

어드레스는 볼을 보내고자 하는 방향(양발 끝의 연장선이 가리키는 곳)을 결정하는 가장 중요한 동작이다. 목표를 향해 서고, 클럽 헤드가 목표에 직각이 되게 그립을 취하는 등 셋 업의 루틴을 좋게 만든다.

우리는 가끔 셋 업과 어드레스를 혼동해서 사용한다. 정확히 구분해 보면 셋 업은 발의 배치, 볼의 위치, 신체의 전체적인 자세, 근육의 준비, 체중의 분산, 그립, 에이밍(목표 겨냥) 등 어드레스 전까지의 상태를 말한다.

그리고 어드레스는 셋 업된 상태에서 타구자세를 취하는(백 스윙을 하기 직전까지) 동작까지를 가리킨다. 우리는 너무 많은 어드레스를 해온 까닭에 거의 무심히 어드레스를 한다.

볼의 뒤로 가서는 바로 클럽을 쥐고 몇 번 왜글을 한 뒤 늦으면 큰일 날세라 쌩하니 쳐 버리고선 원하는 곳으로 가지 않으면 핑계거리만 찾는다.

어드레스의 대부분을 차지한다고 해도 과언이 아닌 것이 바로 상체를 숙이는 허리의 각도이다. 양발을 모으고 양손을 바지 주머니에 댄 다음 엉덩이를 중심으로 등을 곧게 편 상태로 가슴과 머리를 숙여 가장 존경하는 선생님께 예를 갖춘다고 생각해보자.

이렇게 하면 자연스럽게 상체의 등줄기가 일직선으로 펴지면서 몸의 중심이 양 발바닥 앞쪽으로 기울게 된다. 이때 하체는 이를 보완하기 위해 엉덩이가 발뒤꿈치로 빠지면서 무릎이 굽어져 체중의 전후 분산이 자연스럽게 이루어진다.

여기서 무릎을 약간 더 굽혀 체중을 내려 준 다음 양발을 자신의 어깨만큼 벌리고 서서 클럽을 쥐면 어느 한 군데 쏠리지 않는 전후좌우의 체중 안배가 이루어진다.

이때 허리는 눈밑으로 볼을 내려다 볼 정도로만 숙이면 된다. 즉 눈물이 볼로 직접 떨어지는 상태가 아니라 뺨을 타고 흘러내릴 정도여야 한다.

스윙에 발라드 리듬을 주자

노래방이 생긴 이후로 대다수 국민이 가수 이상의 노래실력을 뽐내면서 자신의 '18번'을 멋지게 불러댄다. 그런데도 노래 못하는 사람이 있어 음치 탈출 학원까지 생겨나게 되었다. 너도나도 음치에서 벗어나려고 애를 쓰고 있다.

골프에선 골프를 못 치는 사람을 '골치'라고 한다. 이는 클럽이 나빠서도 아니고 스윙이 나빠서도 아니다. 또 힘이 없어서도 아니다. 프로골퍼 이상의 충분한 체격과 좋은 스윙을 가졌음에도 볼을 원하는 곳으로 원하는 만큼 날리지 못하는 이유는 스윙에 리듬이 없기 때문이다.

리듬이란 사전에 '음의 장단과 강약을 나타내는 것'이라고 나와 있다. 골프에선 헤드의 스피드가 거리를 만들어 준다. 헤드의 스피드가 변화하는 모양이 리듬인 것이다. 어드레스 때 볼 뒤에 멈추어진 헤드는 무게를 유지한 채 왼손과 왼쪽 어깨에 의해 오른발 안쪽을 중심으로 감겨진다. 헤드는 허리 정도의 높이까지 약간 느리게 올라가면서 왼쪽 허리, 등, 배, 팔, 옆구리, 겨드랑이 밑 근육들을 천천히 움직이게 만든다. 몸통을 돌려 헤드를 백 스윙 톱의 위치로 조금 더 빠르게 움직여주면 오른쪽 종아리, 무릎, 오른쪽 대퇴부, 엉덩이 부분에 힘이 들어가 보다 강한 힘을 축적시키게 된다. 이때 헤드는 일시 정지된 듯하다가 다운 스윙으로 돌아 들어오게 된다.

'백 스윙의 끝은 다운 스윙의 시작이다.' 여기서 다음 소절의 리듬은 시작된다. 볼의 앞 부분(목표 방향으로)에서 헤드가 최대 스피드가 날 수 있도록 빠르게 가속시켜야 하는데 꼬아진 허리 부분의 수평 원운동과 어깨의 사선 원운동, 헤드의 수직 원운동 등으로 헤드는 160km의 순간 속도가 붙으면서 볼과 부딪치게 된다. 그런 다음 헤드는 폴로와 피니시의 과정을 통해 서서히 몸의 균형을 유지하면서 감속하게 된다.

좋은 리듬이란 스윙 중에 헤드 스피드의 변화가 부드럽게 가속과 감속이 되는 것을 말한다.

오른발 위치, 모양이 비거리 좌우

우리나라는 예로부터 남향집을 선호한다. 여름에는 시원하고, 겨울에는 아침부터 저녁까지 따사로운 햇살이 온 집에 가득히 들어온다. 이 방향은 집을 짓기 위해 놓는 주춧돌에 의해 결정된다.

우리의 탁월한 골프 기량도 탄탄한 기초에서 나오게 된다. 즉 볼에 대해 양발의 스탠스를 어떻게 취하는가에 따라 방향이 달라지고 거리가 달라지게 된다. 그러나 많은 골퍼들은 이 사실을 간과하고 있기 때문에 결과가 만족스럽지 못하다.

방향을 좋게 하기 위한 기본적인 주춧돌은 오른발의 위치와 모양에 있다. 볼 앞에 양발을 모으고 선 뒤 클럽 헤드를 볼의 뒤에 놓은 상태에서 볼과 자신과의 거리가 맞도록 간격을 벌리고, 체중을 왼발로 살짝 옮긴다.

오른발은 떼어 어드레스 스탠스로 놓는데 이때 오른발 안쪽이 목표 방향, 즉 볼의 비구선과 직각을 이루도록 해야 한다. 그래야만 백 스윙 도중에 골퍼의 몸통이 목표 방향과 쉽게 직각이 될 수 있도록 돌릴 수가 있다.

또 등 쪽이 목표 방향을 볼 수 있도록 충분히 돌려야 허벅지 근육의 꼬임과 등, 배의 큰 근육들이 충분히 늘어나게 돼 다운 임팩트 시 큰 힘을 낼 수가 있다. 이때 백 스윙 도중에 오른발의 모양이 신발 속에서 조차도 오른쪽으로 밀려가지 말아야 한다. 오른발 엄지발가락이 지면에서 떨어지지 말아야 몸의 큰 근육을 사용하게 된다.

만약에 습관적으로 오른발을 오른쪽으로 벌리면 백 스윙은 쉽고 편할지 모르나, 오른쪽 무릎이 오른발 바깥으로 나가게 되어 백 스윙 시 무게 중심이 너무 오른쪽으로 치우치게 되며, 다운 스윙 직전에 체중을 왼쪽으로 옮길 시간적인 여유가 없어져 손치기를 하는 원인이 되기도 한다.

어드레스 상태에서 적절히 두 발의 스탠스(자신의 한 발 크기 정도)를 취한 다음, 백 스윙을 시작할 때 오른쪽 엄지발가락을 지면에 꽉 눌러 몸의 체중을 전부 실어놓으면 다운 스윙 때 체중이동도 좋아지게 되고 큰 근육을 쉽게 사용하게 돼 충분한 거리를 얻을 수 있다.

봄 기약하며 허리, 다리 힘 키우자

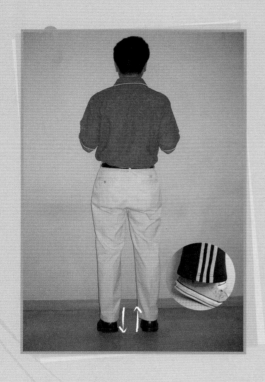

겨울에 접어들게 되면 자칫 잘못하여 몸에 무리를 줄 수 있는 운동은 자제하면서 기초 체력을 강화하는 것이 바람직하다.

우선 근육이 강화되면 거리가 늘고, 지구력이 증진되어 일정하게 볼을 칠 수가 있고, 몸이 유연해져 스윙이 향상된다. 또 잘못된 스윙 습관을 개선할 수 있고 감각이나 근육 기억력이 향상된다. 체내에 산소 섭취량이 많아져 길고 빠르게 스윙할 수 있다. 그리고 나쁜 자세로 인한 신체 부상의 위험도 줄일 수가 있다. 이런 얘기를 들으면 겨울 동안 헬스장에라도 다녀서 근육을 만들어야 될 것 같지만 골프에서는 우람한 근육을 가진 몸보다는 허리의 근육과 다리의 힘을 키우는 것이 더욱 중요하다.

다리 근육을 키우고 근력을 강화시키는 데에는 계단 오르기, 등산 등이 좋다. 또한 지구력과 심폐기능을 강화할 수 있다. 가벼운 아침 조깅도 많은 도움이 된다. 또 아침에 일어날 때 이부자리에서 바로 일어나지 말고 침대 위에서 스트레칭을 해 주는 것이 좋다.

우선 양팔을 들어서 크게 기지개를 켜고 머리 위로 팔을 들어 올리면서 양발 끝을 쭉 뻗어 준다. 그리고 양발을 붙여서 허리를 기점으로 직각이 될 때까지 들어올린다.

이런 방법으로 5~6번 반복을 한다. 또 상체를 들어 올려 일어나 앉기를 반복하고 옆으로 누워서 다리를 천장 쪽으로 번갈아 들어올리기, 옆드려서 양팔을 벌리고 허리로 상체 들기, 코가 천장을 볼 때까지 허리를 제치면서 가능하면 그 상태로 오래 버티면 허리와 등줄기, 배, 다리, 목 등의 근육에 큰 힘이 만들어진다.

그리고 침대에서 나와 체조로 몸을 풀어주면서 약간의 땀이 날 정도로 앉아, 일어나기를 반복해주면 아주 훌륭한 체력단련이 된다. 하루 이틀 해서는 큰 도움이 되지 않겠지만 계속 반복하다보면 골프를 하기 위한 기초 체력이 만들어 질 것이다.

홀별 공략방법을 달리하라

핸디캡이 높은 골퍼들은 처음에는 멋진 폼으로 연습 스윙도 하면서 플레이에 들어간다. 그러나 홀이 거듭되면서 미스 샷이 나오면 영락없이 힘으로 때리는 스윙으로 변한다. 몇 번 푸드덕거리다 보면 나중에는 클럽이 사람을 휘둘러대는 꼴이 된다. 이런 것들은 사실 골프장의 난이도와 무관하지 않다.

대개 티 박스에 들어서면 그 홀의 레이아웃이 그려져 있는 보드가 있다. 아주 친절하게 홀의 번호, 거리, 그린의 위치, 모양 등이 표시돼 있고 핸디캡 1~18번의 번호도 새겨져 있다.

이것을 두고 '핸디캡 18번 홀은 핸디 18인 골퍼가 파하는 홀이야'라는 우스갯소리가 나왔다. 그러나 이 번호는 골프장 코스의 난이도에 따라 붙여진 것이다. 이는 잘 치는 골퍼를 기준으로 하며 초급자와는 직접적인 관계가 없다.

핸디캡 번호는 홀의 길이, 지형의 높낮이, 페어웨이의 굽은 상태, 벙커의 위치, 그린의 크기 등을 고려해 부여된다. 어렵다는 핸디캡 1번 홀의 경우 대개 거리가 길어 티 샷을 충분히 멀리 보내야 하고, 세컨드 샷을 할 때 미들 아이언 또는 롱 아이언으로 그린을 공략해야 한다.

자연히 그린이 작아 파 온이 어렵다. 또 중간에 좌우로 돌출된 나뭇가지가 샷을 방해한다. 그린 옆에 벙커가 있고 그 턱이 높을수록 난이도가 더해진다.

　만일 파 온에 실패했을 경우 러프에 있는 볼을 핀에 붙일 수 있는 쇼트 게임 기술을 시험받게 된다. 한 홀의 파를 위해 드라이버 거리, 미들 아이언의 거리와 방향의 정확도, 그린 주변에서의 처리기술 등을 골프장 설계자가 시험하는 것으로 볼 수 있다. 물론 짧은 거리의 핸디캡 1번 홀도 있다.

　거리가 짧으면 그에 따른 난이도를 조절하기 위해 벙커, OB, 포대그린, 워터해저드 등을 만들어 공략이 어렵도록 한다.

　그러나 핸디캡 순서에 따라 홀별로 공략방법을 달리하고 세심하게 샷을 하면 의외의 성과도 거둘 수 있다. 어려운 홀은 2샷 2퍼트보다는 3샷 1퍼트를 기준으로 플레이하다 보면, 초급자들도 의외로 버디나 파를 하게 된다.

Driver Shot

Chapter 2

드라이버 샷,
골프의 중심이다

스윙은 설렁탕집 깍두기만큼 크게

한남대교를 건너 신사동 사거리 뒷골목에 지금도 자주 찾는 설렁탕집이 있다. 탕국도 별미지만 듬성듬성 맛깔스럽게 썰어놓은 그 집의 깍두기는 생각만 해도 입에 침이 고일 정도로 맛이 좋다. 그 맛 때문에 여전히 자주 찾던 어느 날 문득, 골프 스윙도 이 깍두기만큼 컸으면 좋겠다는 생각이 들었다.

우리는 바닥에 놓인 볼만 보고 스윙을 하다 보니 자신의 스윙이 본인의 체격에 맞는지 또는 스윙의 크기가 적당한지에 대해 별 생각 없이 지나쳐 버릴 때가 많다.

골프의 꽃은 드라이버 즉 거리에 있다고 해도 과언이 아니다. 거리를 많이 내려면 클럽을 쥔 왼쪽 손목이 자신의 목젖을 중심으로 백 스윙과 임팩트, 피니시까지 멀면 멀수록 좋다. 그래야 거리가 많이 난다.

그러기 위해서는 뻗은 왼팔의 팔꿈치 안쪽부터 백 스윙을 시작해야 한다. 어드레스 때 만들어진 자세를 그대로 유지한 채 클럽 헤드가 오른쪽 엄지발가락 앞에 올 때까지 소리 없이 왼쪽 어깨를 돌려 클럽 헤드를 밀어준다. 이것이 장타의 1막 1장이다.

타이거 우즈를 20세기의 골프 천재로 탄생시킨 스승 부치 하먼이 제일 먼저 강조한 사항 또한 바로 이것이다. '타이거 우즈에게 배워야 할 것은 무수히 많지만 그 중에서 가장 주목해야 할 것은 바로 큰 스윙 궤도이다.'

어드레스 때 만들어진 왼팔과 왼손의 모습보다는, 오른손 그립의 가운 뎃손가락과 약지로 클럽을 빠르게 오른쪽으로 잡아당김과 동시에 바로 오른쪽 팔꿈치를 굽히면서 머리 위로 들어 올리는 것은 무의식적으로 우리들이 범하는 백 스윙의 잘못된 습관이다.

자연히 스윙 아크는 작아지게 될 뿐만 아니라, 볼을 클럽으로 휘둘러 날려 보내지 못하고 오른손의 힘으로 때려 보내게 된다. 결과는 참혹한 슬라이스이다.

상체의 회전, 허리의 꼬임도 중요하지만 결국 공을 날려 보내는 일꾼은 클럽 헤드이다. 헤드가 골퍼의 목젖을 중심으로 크게 회전할 때 원심력도 커지게 된다. 자신의 오른발과 왼발 사이에 놓인 체중도 양발 안에서 적당히 이동시킨다.

오른발의 엄지발가락이 땅에서 떨어지지 않을 정도의 백 스윙, 급히 서두르지 않고 시작하는 다운 스윙과 임팩트, 자연스럽게 피니시로 이어지는 일련의 유연하고 리듬을 탄 스윙은 싱글벙글하는 속내를 헛기침으로 대신하며 세컨드 샷 장소로 옮기게 할 것이다.

백 스윙 작아도 피니시는 크게

"나는 골프에서 완벽이란 어떤 선수와도 거리가 멀다는 것을 깨달았다. 특히 골프 게임은 완벽을 추구하기에는 너무 복잡하다" - 벤 호건 -

볼은 스윙이 크고 다이내믹 할수록 멀리 날아간다. 그러다보니 개중에는 거리 욕심 때문에 빚어지는 일명 '몸바쳐 스윙'이 있다. 멀리 보내려는 욕심에 자신도 모르게 피니시 때 미처 균형을 잡지 못하고 그린 쪽으로 '지르박 스텝'을 밟는 스윙을 말한다. 이는 왼쪽 다리의 버팀, 즉 임팩트 이후 체중이 왼발에 걸리지 못하고 오버하기 때문에 생기는 것이다.

정선아리랑의 평창강 뱃사공은 노가 없다. 그저 기다란 장대만 있을 뿐이다. 여러 사람을 태운 뱃사공은 장대로 강바닥을 힘껏 밀어준다. 힘은 강바닥으로, 즉 뒤로 작용하게 되지만 배는 반대편으로 빠르게 미끄러져 간다. 작용과 반작용의 원리다.

골프 스윙도 이와 마찬가지다. 왼발을 중심으로 볼은 앞으로 나아가되 상체는 왼발 밖으로 나가지 말아야 한다. 왼쪽 무릎이 왼발 엄지발가락을 넘지 않게 임팩트와 피니시를 해주어야만 지금보다 드라이버 거리가 15야드 더 늘어난다. 요즘 골프용품 업체마다 자사의 드라이버가 가장 멀리 나간다는 광고를 요란하게 한다. 하지만 아무리 좋고 비싼 클럽이라도 골퍼가 클럽을 못 이기면 무용지물이다.

현대의 최신 드라이버들은 비기너나 애버러지 골퍼(90대 스코어 전후의 골퍼)에게는 덤으로 나갈 수 있는 거리를 주었다. 싱글이나 프로는 비기너나 애버러지 골퍼만큼 덕을 보지 못한다. 이유는 길이가 44~45인치로 길어져서 원심력을 극대화했고, 클럽 헤드도 크게 해 스위트스포트를 넓혀주어서 대충 가운데쯤 맞으면 멀리갈 수 있도록 과학적으로 만들어졌기 때문이다.

그래서 43.5인치 때 백 스윙의 톱은 헤드가 목표 방향을 겨눌 때까지 크게 했으나 이젠 이런 신무기들로 인해 백 스윙을 덜해도 충분한 효과를 얻을 수 있다. 어차피 허리의 군살이나 근육의 고집으로 충분히 되지 않는 백 스윙에 연연하지 말고, 몸통 우측이 꼬일 정도로 비튼 후 다운 임팩트라도 빠르고 크게 하자는 것이다. 그러면 임팩트 이후 클럽 헤드에 가속도가 더 많이 붙게 되고 팔로가 좋게 돼 방향성과 거리를 더 얻을 수 있다.

균형 잡힌 왼쪽 다리로 버틴 스윙을 만들어내면 남 보기에도 멋지고 거리도 15야드 더 늘어나는 신나는 골프가 된다.

방향이 '동생'이면 거리는 '형님'

아직도 많은 골퍼들이 갤러리를 긴장시키는 존 델리를 사랑한다. 그는 서부시대의 카우보이처럼 클럽을 말채찍 휘두르듯이 올려서는 사정없이 내리치는데 그 모습이 매우 호탕하고 유쾌하고 시원하다.

거리를 내는 데는 여러 프로들의 지론이 있다.

"거리를 내는 데는 천천히 빼서 세게 쳐라" 아놀드 파머의 평생 지론이다. "백 스윙은 천천히 할수록 좋다"(톰 카이트), "어깨를 가능한 한(축이 무너지지 않는 범위 내에서 한다) 크게 돌려라"(타이거 우즈 - 대개 어깨 즉, 몸통의 회전을 과도하게 하려다보면 머리가 우측으로 움직이게 돼 볼이 2개로 보이거나 안 보이는 수가 있으니 주의해야 한다), "견고하게 서고 80%의 스윙만 하면 더 많은 거리를 얻는다"(아니카 소렌스탐).

세계적인 골퍼들의 한마디에는 '견고하고 확실한 스탠스', '천천히 시작되는 백 스윙', '확실한 궤도의 다운 스윙과 그로 인한 헤드 속도 증가', '스위트스포트에 정확한 히팅', '어깨의 회전에 의한 커다란 스윙 아크' 등의 메시지가 공통적으로 담겨있다.

몇 가지 더 보태자면

- 스탠스는 넓은 것이 좋은가, 좁은 것이 좋은가 하는 것이다. 팔이나 몸은 그 힘의 근원이 스탠스에 있다. 그것이 확실해야만 몸 전체의 반동과 회

전 꼬임이 확실해진다. 대개 때리기 좋아하는 골퍼는 스탠스가 넓은 편이고, 휘두르기 좋아하는 골퍼는 스탠스가 좁은 편이다. 어느 쪽이 꼭 좋다고 단언할 수는 없다. 다만 지나치게 넓거나 좁은 것은 바람직하지 않다. 볼 1~2개 정도의 차이여야 한다.

- 다운 스윙의 시작은 왼발부터 무릎 – 왼쪽 허리 – 왼쪽 가슴이 차례로 돌면서 팔이 내려와 손이 어드레스 위치에 도달했을 때 헤드가 볼을 향해 움직이게 된다. 이런 일련의 연속적인 동작이 헤드 무게에 가속도를 더한다.

- '머리는 스윙의 닻이다' 보비 존스의 명언이다. 어제 오늘의 얘기가 아니지만 머리가 움직이면 몸도 함께 움직이게 돼 정확한 히팅이 어렵게 된다. 좀 더 정확하게 얘기하자면 얼굴은 좌우로 조금씩 움직여도 괜찮다. 그러나 머리 뒤 가마 부분부터 목덜미, 척추에 이르는 스윙 축은 움직이지 말아야 한다. 골프는 중심운동이기 때문이다.

슬라이스를 잡자(Ⅰ)
- 나는 야, 왕 슬라이서!

바나나킥! 2002년 월드컵 축구대회 때 스트라이커의 휘어들어가는 멋진 코너킥 슈팅에 국민 모두가 열광하였다. 그러나 우리 골퍼들은 국민이 감탄할 만한 바나나 샷쯤은 누워서 떡먹기다. 그냥 갖다 대고 때리면 멋지게 오른쪽으로 휘어지는 '관광볼', 골퍼치고 고민을 안 해 본 사람 없고 고생을 안 해 본 사람 없다. 오죽하면 골프는 슬라이스로 시작해서 슬라이스로 끝난다고 했을까?

전 세계 골퍼의 70%는 슬라이서다. 그 이유는 못 쳐서가 아니라, 대부분이 오른손잡이기 때문이다. 골프는 왼쪽으로 서서 왼손으로 클럽을 잡고 왼쪽으로 볼을 날리는 운동이다. 그런데 아무래도 오른팔의 힘이 왼팔보다 곱절은 세다보니 백 스윙만 되면 오른손 그립을 꽉 쥐게 되어 오른팔이 다운 스윙 때 빠르게 볼을 때리게 되므로 아웃사이드 인의 궤도가 만들어진다. 이것이 슬라이스의 첫 번째 원인이다.

두 번째 원인은 볼을 맞추는 순간 클럽 페이스가 열린채 맞게 되어 볼을 깎아 치게 되므로 사이드 스핀이 걸리게 된다. 스윙 중에 모든 것이 자동으로 된다 하더라도 꼭 한 가지 수동으로 하지 않으면 안 되는 것이 바로 클럽 페이스를 임팩트 시 목표 방향으로 스퀘어가 되게 하는 것이다.

이것은 어드레스 때 만들어진 클럽 페이스의 모양대로 백 스윙의 톱에

서 다운 임팩트 모션을 취하고, 서서히 클럽을 볼 뒤에 내리면서 대어보면 자신이 얼마나 클럽 페이스를 열어 치고 있는가를 보게 된다.

그 이유는 클럽 헤드의 속도를 손의 속도보다 4배 이상 빠르게 움직여 가야 되는데, 오른손의 그립을 너무 꽉 쥐고 있기 때문에 클럽 헤드가 빠르게 피니시 쪽으로 이동해 가지 못해 임팩트 순간 열려 맞게 되는 것이다. 우선 양팔, 특히 그립의 엄지손가락과 검지에 힘을 빼어주고 손목의 롤링이 쉽게 되도록 볼 없이 연습 스윙을 해주어야 한다. 그러기 위해선 습관적으로 근육에 기억을 시켜놓아야 한다.

그 외에 클럽의 안쪽, 즉 샤프트 쪽에 맞게 되어 클럽의 로테이션(회전)이 일어나지 못해서 만들어지는 슬라이스가 있다. 클럽 헤드 가운데 맞추면 스트레이트 볼, 앞쪽 즉 토우 쪽에 맞으면 혹이나 드로볼이 나온다.

앞으로 3회에 걸쳐 슬라이스의 원인과 해결방법 및, 연습방법에 대해 구체적으로 알아보도록 하자. 아듀! 슬라이스여….

슬라이스를 잡자(Ⅱ)
- 슬라이스는 과도한 거리 욕심 탓

마스터스 우승은 '골프신'만이 점지한다는 말을 들은 한 사람이 골프신에게 기도를 드렸다.

"이 비기너도 드라이버는 '빨랫줄'이고, 아이언은 쳤다 하면 깃대에 척척 붙고, 퍼팅은 한 번으로 끝내게 해주십시오. 그래서 한 번 나가면 버디 3~4개, 이글 1개쯤 하게 해 주십시오."

골프신 왈,

"여보게, 그렇게만 된다면야 내가 나가 치겠네."

꼬부라지는 슬라이스의 가장 큰 원인은 무리한 거리 욕심으로 과도하게 하는 허리회전에 있다. 이는 목표를 향한 스윙 궤도에 변화를 일으키게 마련이다. 골프의 스윙은 백 스윙부터 다운 스윙, 임팩트, 팔로로 이어져 피니시까지 클럽 헤드가 골퍼의 목을 중심으로 커다란 원을 그리게 된다. 이때 타깃과 볼의 후방에 이어지는 연장선의 바깥쪽(연습장에서는 캐디기 쪽)에서 볼을 중심으로 안쪽으로 비스듬히 들어오게 되는 궤도가 슬라이스 궤도이다.

정상궤도는 타깃을 9시 방향으로 간주할 경우 다운 스윙 - 임팩트가 3시 방향에서 볼을 향해 들어가야 한다. 그러나 과도한 왼쪽 체중이동은

임팩트 전에 이미 왼발 안쪽을 들리게 하고 왼발 바깥쪽 뒤꿈치로 체중이 이동되게 하기 때문에 왼쪽 허리와 왼쪽 어깨가 8시 방향을 가리키게 되어 클럽 헤드가 2시 방향에서 8시 방향으로 들어가게 된다. 이것이 잡아 빼는 듯한 스윙을 만들어 볼을 깎아 치게 함으로써 사이드 스핀이 만들어져, 힘이 있을 때는 똑바로 날아가다가 어느 정도 올라가면 우측으로 휘어지는 볼이 나오게 된다.

교정은 어드레스 상태에서 오른발을 뒤꿈치 쪽으로 5cm 정도 빼고, 왼발을 약간 닫아준다. 왼발 엄지발가락이 볼을 가리킬 수 있도록 만들어 주면 일명 클로스 스탠스, 훅 스탠스가 만들어진다. 이런 자세로 스윙을 하게 되면 4시 방향에서 10시 방향으로 헤드가 움직여지지만, 볼은 크게 오른쪽에서 왼쪽으로 휘어지는 드로 구질이나 훅 구질이 만들어진다.

연습장에서는 맨 앞쪽에서 연습을 하면 자연스럽게 왼편 뒤쪽 타깃을 치는 연습이 되면서 손목의 롤링이 생겨 슬라이스가 방지되는 연습이 된다.

Tip_____ >>>

1. 왼발 엄지발가락을 돌려라.　　　2. 오른발을 뒤로 약간 빼라.
3. 4시 방향에서 10시 방향으로 쳐라.

팔을 팔로 보지 말자

골키퍼들은 힘주어 한 번 찼다 하면 상대편 골문 앞까지 간다. 롱 킥은 골키퍼의 기본으로 여긴다. 여기에 공격수의 움직임에 맞추는 정확한 방향성도 요구된다. 축구공은 무릎만을 펴고 찬다고 해서 멀리 가지 않는다. 왼발을 볼 옆에 버텨 놓고 오른쪽 허벅지 위 고관절을 앞뒤로 크고 빠르게 움직여야 한다.

또 대퇴부의 근육을 수축시키면서 볼을 찬 뒤에도 발끝이 어깨 위까지 올 정도로 차올려야 상대편 골문 앞까지 사정없이 날아간다.

골프와 비교하면 무릎은 왼손 그립이요, 왼쪽 어깨는 고관절에 해당한다. 또한 오른발은 클럽 헤드에 견줄 수 있다. 백 스윙에서 다운 스윙을 손으로 치면 순간적으로 볼을 치는 소리가 큰 것 같아 멀리 날아갈 것 같지만 볼의 지속력이 없어서 멀리 가지 못한다.

마스터스 우승자 타이거 우즈의 드라이버 거리는 300야드가 넘게 나간다. 그 큰 키의 선수가 왼쪽 어깨를 중심으로 왼팔을 곧게 편 채 다운 - 임팩트 - 피니시에 이르기까지 굽히지 않는다. 즉 왼쪽 어깨를 중심으로 왼팔을 샤프트의 연장으로 생각해서 스윙을 하기 때문이다.

또 백 스윙 시 왼쪽 어깨가 턱밑에 오도록 충분히 돌려준다. 그런데 이것은 그냥은 안 된다. 오른쪽 어깨가 도와주지 않으면 힘들다.

백 스윙 스타트 시, 어드레스 때 왼쪽 어깨보다 오른쪽 어깨를 목 뒤로 우선해서 돌려보면 왼쪽 어깨는 아주 편안히 턱밑으로 들어오게 된다. 오른쪽 어깨를 목 뒤로 돌리지 않고, 왼쪽 어깨만 돌리려 하니 이 짧은 구절조차 잘 이해되지 않는 것이다.

또 그립을 쥔 왼쪽의 정권부분을 백 스윙을 시작하면서부터 오른쪽으로 일부러 많이 밀어준다. 그러면 왼쪽 팔꿈치도 펴지게 된다. 그대로 다운 - 피니시를 하면 스윙의 원도 커지게 되고 몸통의 큰 근육을 이용하게 돼 거리가 많이 나게 된다. 왼팔을 샤프트의 연장으로 생각하고 빳빳하게 사용하자.

Tip >>>
1. 오른쪽 어깨를 돌리면 왼쪽 어깨가 돈다.
2. 왼팔을 펴서 스윙한다.
3. 팔을 많이 뻗어준다.

슬라이스를 잡자(Ⅲ)
- 그립을 너무 세게 쥐지 말자

　일교차가 클 땐 자칫 감기에 걸리기 쉽다. 성인의 경우 감기에 걸린 후 50일 정도가 지나면 면역이 떨어져서 다시 감기에 걸린다고 한다.

　골프에서 슬라이스는 지독한 감기에 걸리는 것과 같다. 웬만큼 잡힐 것 같아 아이언 좀 연습하면 다시 드라이버에서는 슬라이스가 나기 시작한다. 그 원인은 수없이 많겠지만 대개 그립의 과도한 악력이 슬라이스를 만들어낸다.

　비기너에게는 처음에 그립의 힘을 알려주기 위해 망치질을 시킨다. 망치를 내려치기 직전, 자루를 쥐고 있는 손에 가해진 힘의 강도를 느껴보게 하기 위해서이다. 또 실제 못을 박으면서 악력을 유지하는 연습을 시킨다. 그러면 망치에 가속도가 붙으면서 못을 향해 던져지는 듯한 기분을 느끼게 된다.

　톱에서 볼을 세게 칠 욕심을 갖게 되면 그립의 악력은 자동으로 어금니를 깨물 정도로 세게 된다. 그리고 이대로 임팩트가 되면 클럽이 열려 맞으면서 샤프트 쪽에 맞게 된다(드라이버 헤드 면을 3등분할 때 가운데가 스트레이트, 샤프트 쪽이 슬라이스, 토우 쪽은 훅이 발생한다).

　그 이유는 손과 팔의 회전, 즉 손목의 코킹, 릴리스(임팩트 때 어드레스 모양의 손목각도), 리코킹(백 스윙의 반대현상으로 피니시로 올라가면서 다시 왼손이 꺾이는 모양)이 되지 못 하기 때문이다.

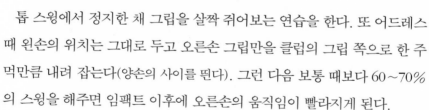

　그립을 너무 꽉 쥔 탓에 손목이 부드럽지 못하고 팔과 가슴근육이 굳어져 리코킹이 되지 못한다. 헤드는 손보다 최소 4배 이상 빠른 속도로 왼쪽으로 이동해야 하는 데, 강한 그립으로 인해 클럽 헤드 페이스가 열려 맞아 슬라이스가 만들어진다.

　톱 스윙에서 정지한 채 그립을 살짝 쥐어보는 연습을 한다. 또 어드레스 때 왼손의 위치는 그대로 두고 오른손 그립만을 클럽의 그립 쪽으로 한 주먹만큼 내려 잡는다(양손의 사이를 띈다). 그런 다음 보통 때보다 60~70% 의 스윙을 해주면 임팩트 이후에 오른손의 움직임이 빨라지게 된다.

　허리 이후부터는 왼쪽 어깨 위로 오른손과 팔이 급하게 올라가면서 손목의 릴리스와 리코킹이 자연스럽게 된다. 이때 오른팔 손등부터 오른쪽 어깨까지 이어지는 부분에 느껴지는 느낌, 즉 바깥쪽으로 던져지는 감각을 잘 외워두어야 한다.

　이렇게 5~6번 연습 스윙을 한 후에 그 근육의 기억대로 스윙을 해주면 훌륭한 스트레이트, 멋진 '빨랫줄' 이 나온다.

로라 데이비스의 교훈

'나는 슈퍼우먼이다' 매년 한 번씩은 다녀가는 영국의 로라 데이비스는 그 육중한 체구에서 뿜어내는 장타를 유감없이 보여준다. 로라 데이비스는 3일간의 경기 중 드라이버는 대개 2번 정도만 잡는다.

레이크사이드CC 서코스 파5의 15번 홀은 527야드 거리다. 그 홀을 드라이버 한방과 2번 아이언 한 번으로 거뜬히 투 온, 깃대 옆에 바짝 붙여서 이글 찬스를 만드는 것을 본 수많은 갤러리들은 입을 다물지 못했다. 슈퍼우먼다운 면모였다.

"드라이버가 얼마나 나가십니까?"

"280야드쯤 나가지요."

"스푼은 얼마나 나가십니까?"

"250야드 정도 갑니다."

"그럼 스푼을 칠 때 무조건 세게 힘주어 칩니까?"

"그야 볼이 바닥에 있으니까 적당한 힘으로 볼을 잘 맞혀서 방향을 놓치지 않고 쳐야지요. 스푼이 무슨 드라이버입니까, 멀리 보내게? 그저 잘 맞혀서 방향을 놓치지 않고 쳐야지요."

정답은 여기에 있다. 드라이버를 스푼에 대입해서만 쳐준다면 그토록 고생하는 악성 슬라이스는 자연히 치료가 된다. 골퍼 자신의 드라이버 최대거리는 9번 아이언을 2번 쳐 보낸 거리와 같다. 9번 아이언이 110

야드인 골퍼의 드라이버 거리는 220야드 정도가 극히 정상적인 최대거리다.

또 5번 아이언은 9번 아이언의 한 배 반 즉, 160야드를 보내는 것이 정상이다. 드라이버를 실제로 220야드만 보낸다는 생각으로 쳐주면 의외로 평상시의 70~80% 스윙과 힘만으로도 쉽게 보낼 수 있다는 것을 알게 된다.

아무 생각 없이 무한대로 보낼 양으로 공연히 힘만 주어서 그립을 꽉 쥐면 빠른 스윙으로 균형이 무너지고 클럽 헤드에 볼을 정확히 맞히지도 못하고, 또 몸통의 회전력도 떨어지고 만다. 결국 손의 힘만으로 볼을 치게 되므로 악성 슬라이스가 나오는 것이다.

9번 아이언 ×2의 공식을 생각하면 연습이 즐겁고 골프가 신난다.

가자, 연습장으로….

오른쪽이 거리를 만든다

아침부터 아내의 볼멘소리에 괜히 미안하기도 하고 억울하기도 하다.

"당신이 갑자기 돌아누우면서 팔다리를 던지듯 내 배 위에 올려놓는 바람에 자다가 얼마나 놀랐는지 혼났어요."

"아니 내가 알고 그랬나, 자다보면 이리저리 뒹구는 것은 당연지사지…. 아하! 내가 아마 잠결에도 백 스윙을 너무 빨리 했는가보다."

골프에 있어서 백 스윙은 다운 스윙과 임팩트를 위해 몸의 큰 근육을 감아올리는 동작이다. 백 스윙은 방향과 거리를 위해 들어올린 길을 따라 다운 스윙이 되게 하는 의미가 강조된다. 잠결에 돌아누울 때 했던 오른쪽 어깨와 오른쪽 발목을 축으로 왼쪽 어깨가 오른쪽 어깨 너머로 돌아가는 것이 바로 골프의 백 스윙 모양이다. 오른발 엄지발가락에 힘주어 바닥을 눌러주면 종아리, 허벅지 안쪽과 뒤쪽, 또 엉덩이 근육에 강하게 힘이 들어가는 것을 느낀다.

왼발을 지면에 붙여놓은 상태이기 때문에 목표 방향을 향해 어깨가 90°~110° 돌고, 허리는 40°~50°, 무릎은 약 20° 정도 오른쪽으로 돌면 아주 잘 된 백 스윙이 된다. 그러면 오른쪽 허벅지의 큰 장력과 허리, 등 근육과 같이 큰 근육이 커다랗게 꼬여진 상태가 되어 빠르게 왼쪽으로 회전만 시켜주면 충분한 거리를 만들게 된다. 행여 거리 욕심에 왼쪽 어깨를 더 많이 회전(오른쪽으로) 시키는 것을 볼 수 있는데 자칫 볼이 2개로 보이거나, 아니면 볼을 보지 못하게 되어 잘 맞춰놓은 볼과 자신과의 거리를 놓쳐 정확한 임팩트를 만들지 못하게 된다. 이때문에 임팩트 때 클럽 헤드, 스윙 스포트에 정확히 맞히지 못하게 되어 기본적인 거리조차도 얻지 못한다(토핑과 뒤땅의 원인). 그러므로 볼이 잘 보일 때까지 돌려주는 것이 자신의 백 스윙의 한계인 것이다.

　왼쪽이 오른쪽으로 감싸안듯이 돌아가는 동작이 백 스윙의 기본이다. 오른발 엄지발가락이 바닥을 꽉 누른 채 오른쪽 무릎 슬개골이 오른발 새끼발가락보다 더 바깥쪽으로(오른쪽)으로 돌아가 버리면 절대 안 된다. 백 스윙 톱에서 오른손을 살며시 빼서 오른쪽 무릎을 만져보면 움직였는지 알 수 있다.

　이처럼 오른쪽 다리 안쪽을 힘주어 밟고 버티는 것을 우리는 벽을 쌓았다고 한다. 다운 스윙 때 오른쪽 무릎을 왼쪽 무릎으로 빠르게 밀어 넣어주면 헤드 스피드가 빨라져 10~20야드는 거뜬히 더 나간다.

거리는 팔에서 나오지 않는다

주니어여! LPGA로 가자! 가기 전에 비거리를 늘려 가자. 롱 히터 박지은이 나비스코 메이저 대회 파5 17번 홀에서 보여준 2온은 우승을 약속받았다.

"백 스윙을 천천히 할 수 있도록 만들어야 파워를 공급한다."(톰 카이트), "파워는 결코 팔에서 나오는 것이 아니다. 견고한 스윙 축으로부터 나온다. 다운 스윙의 궤도에 RPM을 올려라."(비제이 싱), "견고하게 서서 80%의 스윙만 하면 더 많은 거리를 얻는다."(아니카 소렌스탐), "그립의 악력을 체크하라. 백 스윙을 천천히 하라."(어니 엘스), "천천히, 큰 스윙이 거리에 도움을 준다."(최상호)

세계적인 유명선수들이 말하는 비결은 첫째 견고하고 확실한 스탠스, 둘째 천천히 시작되는 백 스윙, 셋째 확실한 스윙 궤도에 의한 다운 스윙에서의 헤드 스피드 증가, 넷째 헤드 스윙 스포트에 정확한 볼과의 만남, 마지막으로 충분한 어깨회전으로 인한 커다란 스윙 아크 등이다.

몇 가지 더 보태면 첫째, 스탠스는 오픈보다 클로즈드로 하라. 오픈 스탠스는 방향, 스퀘어 스탠스는 방향과 거리, 클로즈드 스탠스는 거리를 위주로 하는 방법이다. 거리는 임팩트에서의 헤드 스피드 증가와 왼발을 견고하게 딛고 왼쪽 다리에서 어깨까지 이어지는 축이 회전하고 있기 때문에 생긴다.

둘째, 스탠스의 넓이는 조금 좁히는 것이 좋다. 넓은 스탠스는 스윙보다 때려 보내겠다는 의사 표시이기도 하다. 때린다는 것은 몸의 회전이 스윙 때보다 느리게 된다는 것을 의미한다. 체중이동과 몸통회전이 좋은, 자신의 생각보다 볼 1~2개 정도 좁은 것이 좋다.

셋째, 어드레스 때 왼팔을 힘주어 펴는 것은 안 좋다. 샘 스니드는 "어드레스에서 너무 뻗고 있는 곳은 우리 몸 중에 아무 데도 없다. 몸의 어느 관절도 조금은 굴절되어야만 몸에 힘이 빠지기 때문이다." 즉 편안하게 호흡을 유지할 수 있을 정도의 릴랙스가 필요하다.

넷째, 머리를 고정시켜라. 스윙 때 머리를 움직이면 몸도 함께 움직인다.

박지은의 스윙을 보면 거리는 스윙 중 견고한 스탠스를 유지하는 하체 트레이닝, 유연성을 바탕으로 한 허리의 빠른 회전력, 어깨의 충분한 회전, 적당한 그립 악력으로 빠르게 휘둘러 내는 능력에서 '짱' 거리가 나오는 것을 알 수 있다. 우리도 이렇게 계속적인 연습을 하면 금방 '그레이스 박'이 될 수 있다.

'만병통치약' 오른손 덮기

'골프 그까짓 거 나도 하겠다. 작대기로 가만히 있는 볼을 때리는 건데 못할 게 뭐 있어.'

골프를 해 보지 않은 사람은 골프라는 운동을 아주 쉽게 생각한다.

'골프 이거 괜히 시작해 가지고 안 할 수도 없고 하자니 잘 안 되고….'

골프를 시작해서 그 해에 클럽을 접고 그만두는 사람이 전 세계 골프 인구의 10%나 된다고 한다. 가장 큰 이유는 운동 신경보다는 클럽을 잡는 모양에 있다. 체격, 성격, 습관에 따라 클럽을 쥐는 방법이 다르고 그에 의해 거리와 방향이 좌우되기 때문이다.

보다 멀리 보내기 위해 10여 년 전부터 스트롱 그립이라고 하는 왼손 덮어 잡는 모양이 유행하기 시작했다. 거리 면에서 그 덕을 톡톡히 보고 있다. 그와 때를 같이 하여 레드 베터의 보디 턴 이론이 합세하면서 제자(닉 팔도)를 기계적인 샷이라는 평을 들을 정도로 만들어 냈었다.

그렇다면 아마추어가 과연 그런 샷을 만들어 낼 수 있을까? 아마도 프로만큼 많은 연습이 필요할 것이다. 거리의 부족함을 메우려다 보면 오른팔과 손을 쓰게 되는데 자칫 과하면 볼은 영락없이 슬라이스를 내면서 코스에서 멀어져 갈 것이다. 어차피 오른손잡이가 평생을 써 왔던 오른손을 쓰지 못하게 되면 그만큼 스윙은 부자연스럽게 되고 만다.

그런데 장타와 정확도를 동시에 만들어 내는 방법이 있다. 요즘 필자는 만병통치의 방법으로, 프로에게든 아마추어에게든 '오른손 덮기'를 권한다. 방법은 왼손 훅 그립 위에 오른손 그립의 모양을 오른손 훅 그립으로 잡아주는 것이다. 즉, 왼손의 모양대로 오른손을 덮어 주는 것이다.

이때 오른손의 엄지와 검지가 만들어내는 V자 홈이 왼팔 겨드랑이를 가리켜야만 된다. 그럴 만큼 오른손을 덮어 주면 백 스윙과 임팩트 이후 오른팔의 피니시가 깜짝 놀랄 만큼 목 뒤로 돌아가서 타이거 우즈도 부럽지 않은 스윙이 나온다. 이때 백 스윙 톱에서 절대로 손부터 내리는 스윙을 하지 말고 가슴을 목표 방향으로 빠르게 돌려주면 된다. 드라이버는 20야드, 아이언은 10야드 이상 늘어나게 되고 방향은 핀 하이다.

시도한 순간 모든 골퍼는 깜짝 놀라게 될 것이다. 연습이 재미있고 10타가 준다.

오른쪽 팔꿈치를 배꼽 쪽으로 밀자

어느 날 갑자기 새털같이 가볍던 드라이버의 헤드 무게가 묵직하게 느껴지고, 아이언도 치면 겨눈 데로 날아가고, 어프로치가 홀 컵에 척척 붙는다. 이런 날은 괜히 우쭐해지면서 내심 '그래 이거야, 이거! 골프는 이렇게 치는거야!' 하며 입이 양 귓가에 걸쳐진다.

그런데 그런 날은 어쩌다 한 번이다. 아마도 반 년에 한 번 있을까? 구성(球聖)이라는 보비 존스도 "어쩌다 한 번 오는 행운의 감을 지속시킬 수 있는 방법은 없다."라고 말했을 정도이다. 사실 누구나 이와 같은 경험을 가졌겠지만 다음 날이면 언제 그랬냐는 듯이 매정하게 떠나가 버리고 만다. 이렇게 해보고 저렇게 해봐도 감칠맛 나는 스윙이 나오지 않는다.

이럴 때 바로 그 느낌을 찾아내는 즉효의 방법이 있다. 바로 어드레스 때 오른쪽 팔꿈치를 배꼽 쪽으로 5cm 정도 밀어주는 것이다.

즉 어드레스 때 양 팔꿈치의 간격을 좁혀준다. 그렇게 하면 양팔 겨드랑이가 자연스레 조여져 백 스윙 톱에서 오른팔이 벌어지는 것을 방지하고 스윙 중에 양팔을 하나로 사용할 수 있어 채찍과 같이 쓰게 된다.

또 헤드 무게의 원심력을 올려줄 수가 있고 오른손 엄지손가락과 검지에 힘이 들어가지 않게 돼 백 스윙 때 오른쪽 어깨의 앞쪽 근육에도 힘이 들어가지 않는다. 따라서 오른손 치기가 되질 않게 되고, 덕분에 왼손 그립을 꽉 쥐게 된다.

백 스윙 톱에서는 왼쪽 어깨와 등 근육, 왼쪽 엉덩이, 왼쪽 다리, 종아리, 왼발 엄지발가락까지 온통 왼쪽에 힘이 들어가 평소 그렇게 귀 따갑게 듣던 왼쪽 벽이 만들어지면서 리듬이 저절로 맞게 된다.

또 임팩트 때에는 오른쪽 팔꿈치가 어드레스 때의 모양으로 돌아오면서 코킹이 미리 풀려나올 수 있는 뒤땅 또는 토핑이 절로 없어진다. 왼손에 착용한 흰 장갑에 어드레스 때 글씨가 뚜렷이 보이도록 써놓자. '오른쪽 팔꿈치를 배꼽 쪽으로 밀어라.'

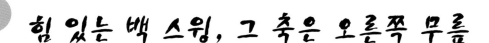

힘 있는 백 스윙, 그 축은 오른쪽 무릎

축구스타 고종수 선수를 좋아하는 사람이 많을 것이다. 드리블도 일품이지만 왼발 강슛은 골키퍼의 간담을 서늘하게 한다. 문전을 향해 달려가다 오른발을 디딜 때 모습은 사자가 먹이를 누르는 모습을 연상시킨다. 오른쪽 다리를 그냥 뻗고 딛는 것이 아니라 순간적으로 상체의 무게를 올려놓을 수 있도록 약간 굽힌 상태로 발바닥을 완전히 땅에 밀착시킨다. 이때 오른발 엄지발가락은 땅이 깊숙이 파질 정도로 힘이 들어간다.

골프는 어떤 샷이든 히트 앤드 푸시가 있어야 거리와 방향을 동시에 얻을 수 있다. 그러기 위해서는 백 스윙 스타트 때부터 '오른발 엄지발가락부터 오른쪽 무릎은 다운 임팩트 포지션에 들어와 있다'라고 생각해서 움직이지 말아야 한다.

'오른발은 목표 방향과 직각이 되게 놓고…' 상체를 목표 방향에 등이 보이도록 비틀어주라는 말이다. 오른발을 벌려 놓으면 백 스윙은 쉽고 빠르게 되겠으나 힘의 축적, 즉 코일링이 되지 않아 거리가 나지 않게 된다. 그래서 오른발을 벌려 놓지 못하게 하는 것이다.

백 스윙 스타트는 오른발 안쪽으로 체중을 옮기면서 시작되지만 오른쪽 무릎이 움직이면 오른발 엄지발가락이 지면에서 떨어져 체중이 오른발 바깥쪽으로 이동, 오른발 뒤꿈치로 간다.

이럴 경우 다운 스윙 때 체중이동이 왼쪽으로 느리게 이뤄져 손 치기의 원인이 되고 뒤땅과 토핑, 슬라이스 등을 유발한다.

또 백 스윙 톱으로 갈수록 자신도 모르게 힘이 들어가고, 오른쪽 무릎이 펴지게 돼 일어서고, 볼과 자신과의 간격이 맞지 않아 임팩트 때 몸이 좌우로 밀려다니는 스웨이 현상이 나온다.

힘이 축적된 백 스윙을 만들려면 어드레스 때 오른 무릎뼈가 오른발 엄지발가락 앞쪽 방향을 향해 위치하면서 백 스윙 동안 그대로 유지돼야 한다.

그러면 평상시보다 백 스윙은 덜 될지언정 허벅지, 허리와 배 근육, 등 근육의 비틀림에 의한 힘이 장타를 만들어 내는 파워가 된다. 무릎을 꿇고 어드레스를 한 다음 상체를 돌려 백 스윙을 해보자. 땅에 닿아 있는 오른쪽 무릎의 느낌이 바로 힘이 축적된 백 스윙이다.

큰 근육 잘 써야 비거리 향상

골프가 거리와 방향의 게임이라는 말은 누구나 알고 있다. 거리를 만들어 내는 방법에 개개인의 차이는 있겠으나 공통분모가 있다. 헤드가 볼에 부딪쳐서 순간적인 힘을 얻어 만들어진다는 것이다.

원운동이 직선운동으로 바뀌는 과정에서 원심력의 스피드가 얼마나 빠른가가 거리의 차이를 만들어 낸다. 그러려면 개개인의 차이, 즉 좌우 몸통회전에 의한 팔의 원운동과 그립의 원운동, 결국엔 헤드의 원운동을 얼마나 빠르게 만들어 내는가에 따라 거리가 달라진다.

대부분 클럽으로 친다고 생각해 팔의 힘으로만 볼을 치게 되는데 이것은 큰 근육을 움직여 치는 것보다 훨씬 거리가 떨어진다. 큰 근육을 얼마나 빠르게 오른쪽에서 왼쪽으로 회전해 가느냐에 따라 거리의 차이가 생기기 때문이다.

연습방법으로는 우선 원하는 만큼의 스피드로 볼을 칠 수 있도록 마구 휘둘러본다. 5회 정도 반복한 다음 이번에는 백 스윙 톱에서 손과 팔과 클럽을 머리 뒤에 놓은 채 좌우 어깨를 자신이 최대한 빠르게 돌릴 수 있는 대로 돌려본다.

목을 중심으로 양쪽 어깨와 앞쪽 턱밑을 지나는 선을 빠르게 회전해 보면 누구나 쉽게 감각을 느낄 수 있다. 의외로 그동안 몰랐던 헤드 무게가 묵직하게 톱에서부터 느껴지는 수확도 얻을 수 있다.

또 임팩트 될 때 볼에 가해지는 힘을 통해 그동안 자신이 한 번도 느껴보지 못한 또 다른 골프 세계를 알 수 있게 될 것이다. 그저 양쪽 어깨만 생각하면서 백 스윙 톱에서 '어깨, 어깨, 어깨' 하고 반복적으로 소리를 내 다른 곳에 전혀 신경이 가지 않도록 해주면 된다.

그러면 캐디로부터 기분 좋은 한마디를 들을 수 있을 것이다.

"조심하세요, 아이언 거리가 많이 나니까 한 클럽 덜 잡으세요."

우드, 헤드가 볼 밑을 통과하게 쳐야

"서비스 롱 홀이에요, 잘 치면 투 온도 돼요."

캐디한테서 이 말만 나왔다 하면 '아이쿠 올 것이 왔구나' 싶어서 자신도 없는 우드를 덥석 잡게 된다. 투 온한 것보다 실수로 보기한 적이 훨씬 많으면서도 유혹을 뿌리치지 못한다.

골프채 중에서 가장 치기 어려운 클럽이 우드라고 한다. 클럽을 잡는 순간 더욱 더 멀리 보내야 된다는 생각에 스윙보다는 손으로 힘주어 때리게 되어 볼을 제대로 맞추지도 못한다. 약간의 뒤땅은, 거리는 손해를 볼지언정 방향성은 좋다.

문제는 토핑이다. 토핑을 방지하는 방법으로 "스푼(3번 우드)은 말 그대로 숟가락이니까 디봇이 한 숟가락 정도 파일 수 있게 약간 찍어 치듯이 해주십시오."라는 충고를 듣는다.

아이언은 헤드의 무게가 있어 원심력보다는 강하게 찍어 치는 경향이 있지만, 우드는 휘둘렀을 때 생기는 원심력으로 볼을 보내야 하기 때문에 크게 휘둘러지는 원 안에서 볼을 가볍게 맞춰야만 멀리 나가게 된다. 많은 여성 골퍼들이 힘도 없으면서 우드를 멀리 보내고 스코어를 좋게 하는 이유는 원심력을 이용해서 잘 휘둘러 올리기 때문이다.

우드를 잘 치는 요령은 클럽 헤드가 볼의 밑을 통과하는 기분으로 해주는 것이다. 약 10개의 볼을 1cm 정도의 티 위에 올려놓고 티와 볼을 동시에 날려주는 듯하게 연습을 한다. 5개 정도는 조금 긴 풀 위에 올려놓고, 역시 긴 풀과 볼을 날리는 연습을 해본다. 그리고 페어웨이에 놓여진 볼은 티 위에 있다고 생각하고 볼의 밑을 헤드로 통과시키는 기분으로 하면 된다.

절대로 그립을 꽉 쥐고 때리지 말고 우드의 길이 더하기 왼팔의 길이로 큰 아크를 만든다. 손만으로 백 스윙을 하지 말고 왼쪽 어깨의 등판을 돌려서 백 스윙을 해주되 머리가 오른쪽으로 가지 않도록 하면서 휘둘러주면 멋진 우드 샷이 나온다. 이때 볼은 왼발 안쪽에 위치시키고 또 다른 볼 하나를 오른발 앞에 놓는다. 백 스윙 스타트는 우드의 헤드가 오른쪽 볼이 뒤로 밀려가도록 낮고 길게 빼주면 자연스런 우드의 스윙이 만들어진다.

힘만 준다고 멀리 가나

거리를 늘리려면 오른발을 딛고, 오른쪽 무릎과 대퇴부를 중심으로 백 스윙 톱의 모양이 될 때까지 왼쪽 어깨의 등판을 오른발 엄지발가락까지 오도록 해야 한다. 특히 심하다 싶을 정도로 크게 돌려주면 우리 몸속에 숨어있는 두 클럽 길이의 거리를 찾아낼 수 있다.

평소 백 스윙 때 목표 방향을 향해 어깨 90°, 허리 25° 정도 틀어주던 것을 과감하게 허리 50°로 오른쪽을 향해 많이 돌려준다.

반대로 다운 스윙 시 허리와 엉덩이를 왼쪽으로 빠르게 돌려보면, 백 스윙 때 몸통에 감겨져 있는 왼팔이 클럽 헤드를 위에 둔 채 빠르게 다운 될 수 있다. 그리고 배꼽이 왼발 엄지발가락을 지나버린 상태에서 임팩 트가 될 수 있으면 된다.

'거리는 헤드 스피드에서 만들어진다' 는 것은 누구나 알고 있는 사실 이다. 헤드 스피드를 빠르게 하려면 왼팔만 가지고는 힘들다. 순간 속도 는 빠를 수 있으나 골프의 철칙인 히트 앤드 푸시에는 맞지가 않다.

강한 힘을 갖고 있는 허리회전에 양팔을 맡겨두면 빠른 헤드 스피드를 만들어 낼 수 있고, 두 클럽 이상의 거리를 찾아낼 수 있다. 이때 방향도 함께 얻으려면 양 발끝을 목표 방향으로 가지런히 모은 다음 클럽 헤드 를 정렬시킨다. 그리고 스탠스를 잡으면 몸의 정렬과 조준이 자연스럽게 만들어진다.

　골프에서 '힘 빼기 3년' 이란 말이 있다. 3년 정도 지나야 골프의 속성을 어느 정도 알고, 힘주어 때린다고 멀리 가는 것이 아니라는 것도 느끼게 된다.

　백 스윙 시작 때부터 숨을 크게 들이마신 뒤 참고 때려야 큰 힘이 나온다고 알고 있는 골퍼들이 많다. 큰 힘을 얻을 수는 있겠으나 반대로 회전이 느려진다. 어드레스 때 숨을 다 내쉬고 스윙을 해보자. 순간적인 아이언의 헤드 스피드가 100km를 넘게 된다.

장타 욕심이 슬라이스 주범

세상에 골프 교습서가 나오기 시작한 것은 지금으로부터 약 150년 전이라고 한다. 그 교습서에는 어드레스, 그립, 스윙 등 현재 시점의 시제만 바뀌었을 뿐이지 지금과 똑같이 볼을 잘 칠 것, 스윙 중에 고개를 들지 말 것, 왼발을 뻗어서 몸통의 회전으로 볼을 칠 것 등이 포함되어 있다. 아마 앞으로도 현재와 같은 골퍼들의 고민은 계속 이어질 것이다.

그 중에서도 누구나 느끼고 있는 장타에 대한 욕심은 예전에도 많은 골퍼들을 슬라이스라는 병에 시달리게 한 것 같다. 그 교습서의 반 정도는 여러 가지 슬라이스 치유책으로 채워져 있다. 슬라이스가 나오는 이유는 볼과 드라이버가 만나는 순간 목표 방향보다 열려 맞게 되어 볼에 우회전(사이드 스핀)이 생기기 때문이다.

보통 개인의 차이는 있겠으나 피칭 웨지로 풀 샷을 했을 때 8,000rpm의 백 스윙이 발생한다고 한다. 이때 클럽 페이스가 열려 맞아서 동시에 사이드 스핀이 5,00rpm 정도 발생하면 8,000/500=16, 즉 1/16의 사이드 스핀이 생기는데 아주 무시할 수 있는 정도여서 웨지 샷은 슬라이스가 나지 않는다.

반면 우드는 임팩트 때 약 2,000rpm 정도의 백 스핀이 만들어진다. 거기에 열려 맞게 되어 500rpm의 사이드 스핀이 작용하면 2,000/500=4,

즉 1/4의 사이드 스핀이 있게 되어 그 양이 크게 된다. 200야드를 날리는 골퍼가 약간 열려 맞은 스윙을 하면 150야드 이후에는 50야드를 우회전, 즉 슬라이스가 나게 된다. 이렇게 열려 맞는 가장 큰 이유는 장타의 욕심으로 온몸과 근육에 힘을 주어서, 또 크게 호흡을 들이마신 다음 빠르게 회전하려고 하다가 막상 몸통이 임팩트 이후 피니시 때 양쪽 어깨가 회전되지 않기 때문이다.

거리는 클럽 헤드의 빠른 스피드에 의해서 나온다는 것을 이젠 누구나 안다. 그대로 팔을 쭉 뻗어 주먹을 힘주어 쥔 다음 좌우로 빠르게 돌려보자. 그리고 주먹에 힘을 풀고 손가락을 그저 조금만 구부린 다음 다시 빠르게 돌려보자. 아마 후자의 스피드는 전자보다 5배 이상 빠르다는 것을 알게 된다. 그래서 몸통과 팔에 힘을 빼고 오른쪽에서 왼쪽으로 돌려주라고 하는 것이다. 이때 클럽 헤드가 볼의 목표 방향으로 3시에서 9시까지 스퀘어로 진입이 되면 멋진 스트레이트 볼이 만들어진다.

양팔을 충분히 늘려줘야 장타

　헤드 스피드가 빨라야 거리가 난다고 해서 클럽을 잡은 팔을 빨리 휘둘러 볼을 때리려다 보면 거리는커녕 방향조차 비뚤어지는 경우가 많다. 백 스윙 톱에서 왼쪽으로 체중이 이동되지 않고 어깨만 돌려 손으로 볼을 치기 때문이다. 장타는 좌우 균형이 잡힌 스윙에서만 만들어진다고 생각해야 한다.

　볼 앞에 어드레스 자세로 선 다음 왼발을 오른발 쪽으로 옮겨 양 발을 붙여 놓는다. 클럽 헤드도 볼로부터 오른발 앞에 오도록 옮겨 놓는다. 그 자세로 백 스윙을 시작, 클럽 헤드가 톱 스윙 포지션이 되는 순간 본래의 왼발 자리로 스텝을 옮겨놓으면서 다운 스윙을 시작한다. 그 상태로 임팩트를 하면 헤드에 체중이 실려 장타가 만들어진다.

　이 기술은 첫째, 체중을 정확하게 옮기는 연습, 둘째, 왼쪽 어깨의 회전 각도를 볼의 뒤쪽까지 돌아오게 해주어 큰 근육을 늘려주는 연습, 셋째, 하체가 상체를 견고하게 받아주는 연습이 된다. 그리고 볼을 쳐낸 다음 피니시를 볼이 떨어질 때까지 유지해주어야 한다. 그리고 장타의 요령 마지막으로 양팔을 충분히 늘려주어야 한다.

　골프란 히트 앤드 푸시이다. 퍼트이든지 아이언 샷이든지 드라이버든지 푸시가 없으면 방향뿐만 아니라 거리도 나지 않게 된다. 2개의 티업된 볼을 동시에 맞추는 연습이 필요하다. 어드레스 된 볼 앞에 약 30cm 간격으로 볼 하나 더 티업해 놓는다. 그리고 스윙 중에 앞의 볼을 쳐낼 만큼 팔을 충분히 늘려 팔로 해준다.

　만약 앞의 볼이 토핑이 나면 몸통이 충분히 돌려지지 않았다는 것이고, 양팔이 목표 방향으로 충분히 늘려지지 않았다는 표시가 된다. 몇 번 시도해 보면 볼 2개를 동시에 맞출 수 있게 되고, 오른쪽 어깨와 오른팔도 자연스럽게 큰 원을 그리는 스윙 아크가 되어 드라이버의 히트 앤드 푸시가 이뤄진다.

　볼이 페어웨이에 떨어지자마자 바로 멈춰 버리는 현상은 거의 손만으로 볼을 쳐내기 때문이다. 위와 같은 방법으로 볼을 쳐보면 볼에 런도 많아지게 된다. 드라이버 거리는 캐리와 런을 합한 거리를 말한다. 장타는 꾸준한 연습에 의해 만들어진다.

하체 힘이 장타 만든다

한국 프로골프 선수권대회. 프로라면 누구나 우승하고 싶어 하는 대회다. 언젠가 대회 개막 직전의 프로암 대회에 계약사 소속 선수로 참가한 적이 있다. 우리 팀에선 최고의 선수로 주가를 올리는 양용은 선수가 함께 플레이를 하게 됐다.

양용은 선수는 떡 벌어진 체격에 여유 있는 스윙으로 드라이버 샷을 칠 때마다 300야드는 날아갔다. 라운딩을 한 4명의 플레이어 중 스윙이 눈에 띄게 느린데도 거리는 가장 멀리 나갔다. 자세히 보니 그의 스윙은 조금 달랐다.

많이 밀어주는 듯 했는데 그것이 바로 비결이었던 것이다. 빠른 허리와 상체의 회전, 그로부터 나오는 클럽 헤드의 빠른 스피드, 이것만이 최고의 장타를 보장한다는 말을 철석같이 믿는 골퍼가 얼마나 많은가. 이런 골퍼들과 비교가 되는 모습이었다.

영국의 윈디 브레이크는 저서 『미래의 골프』에서 '볼을 노린 대로 정확히 치는 기본 기술은 아직 충분히 연구되어 있지 않다. 골프에는 과학적, 육체적으로 볼을 바로 보내는 기술이 결여되어 있다'고 주장하며 볼을 때릴 때 스피드가 아니라 압력을 이용하라고 권유한다.

즉 때리는 스윙은 임팩트 이후에 클럽 헤드로부터 볼이 빠르게 튕겨나가 푸시가 없어진다는 것이다. 이때 초속 50야드의 속도로 볼을 쳤다고 하면 임팩트 직후에는 40야드로 감속된다.

반면에 임팩트 이후 임팩트 존이 끝날 때까지 계속적으로 가속시켜 준다면 초속 45야드의 속도로 볼을 날려도 초속 42야드를 유지하게 돼 느린 스피드라도 효율성 있게 장타를 만들 수 있게 된다.

이 스윙 방법은 결코 손과 팔만으로 휘둘러서는 푸시를 만들어 낼 수가 없다. 힘의 근저인 하체, 즉 다리의 힘이 허리와 몸통, 양팔과 양손, 헤드에 차례로 전달될 때 최대거리가 나온다.

이때의 요령은 백 스윙 때 허리를 많이 돌리지 않고 거의 어드레스 위치에 있도록 최대한 노력하는 것이다. 이어 왼쪽 어깨가 턱밑에 오도록 돌려주면서 왼손이 오른쪽 관자놀이 정도에서 톱을 만들고 오른쪽 무릎 위에서 대퇴부와 오른쪽 허리, 오른쪽 가슴을 급히 돌려주면 충분한 헤드 무게로 임팩트가 이루어져 임팩트 존이 만들어진다.

골프는 '상체 30%, 하체 70%를 이용하는 게임'이라는 말이 있다. 귀담아 들을 조언이다.

드라이버 티 샷 때 볼은 왼발 뒤꿈치 맞은편에

주말 골퍼들은 샷은 좋은데 스코어가 신통치 않다고 생각하는 경우가 적지 않다. 샷 자체만 놓고 보면 나무랄 데가 별로 없는데 이상하게도 스코어가 줄지 않는다는 불만이다.

이 경우 코스공략의 전체적인 그림을 그려본 뒤 필드에 나서라고 권하고 싶다. 코스에 익숙한 캐디가 라운드 중 골퍼에게 코스에 대한 중요 정보를 제공하지만 본인이 직접 홀의 구조를 떠올리며 공략방법을 구상하는 것과는 차이가 있다.

또 라운드 직전 미숙한 샷을 집중 연습하는 것도 하나의 방법이다. 최소한 한 시간의 여유를 갖고 미리 골프장에 도착, 충분히 몸을 풀면 지금보다 훨씬 좋은 성적표를 받아 쥘 수 있다.

라운드에서 첫 번째 티 샷이 잘 맞으면 하루의 플레이가 만족스러울 때가 많다. 그러기 위해서는 잘 치겠다는 욕심부터 접는 게 좋다. 일단 자신에게 익숙한 샷을 구사할 필요가 있다. 보통 때의 티 샷이 드로나 페이드이면 바로 그 샷을 쳐야 한다.

또 무작정 첫 홀부터 드라이버를 뽑아드는 골퍼가 많은데, 주말 골퍼라면 꼭 그럴 필요가 없다. 3번 또는 5번 우드로 경기를 시작하면 티 샷을 더 잘 날릴 확률이 높다.

　모처럼 찾은 필드에서 꼭 멋진 드라이버 샷을 원한다면 그립과 볼, 스탠스를 다시 한 번 점검해 볼 필요가 있다. 그립은 손가락과 손바닥이 만나는 지점에 대각선으로 놓고 손가락으로 감아 쥐어야 한다. 그렇게 해야만 임팩트 때 클럽 페이스를 직각으로 만들어 줄 수 있다.

　드라이버 티 샷은 클럽 헤드가 다운 스윙의 최저점을 통과해 팔로 스루가 이어지며 올라가는 시점에서 볼을 치는 샷이다. 따라서 어드레스 때 볼은 왼발 뒤꿈치 맞은 편, 즉 왼발 뒤꿈치와 일직선상에 놓아야 한다. 대개 볼을 왼발 끝 가까이, 너무 앞쪽에 두는 경향이 있는데 이러면 바깥쪽에서 안쪽으로 샷의 방향을 만들어 슬라이스를 자주 유발하게 된다.

　샷이 임팩트 지점을 통과하면서 오른쪽 팔뚝이 왼쪽 팔뚝에 닿도록 클럽 헤드를 던져주듯 쳐 보라. 샷이 종전과는 달리 멀리 날아갈 수 있다. 어쩌면 자신의 최대 비거리가 나올 수 있을지도 모른다.

Iron Shot

Chapter 3

아이언 샷이야말로
진정한 공격 무기이다

정확한 겨냥이 스코어를 줄인다

그 옛날 군대시절 소총 칼빈을 젓가락 돌리듯 하던 시절이 있었다. 꽤 오랜 시간이 흘렀으나 아직도 그 생각만 하면 무릎과 팔꿈치가 쓰리고 아프다.

빨간 모자의 조교 호령 '엎드려 쏴', '무릎 쏴' 가 떨어지고 나서 동작이 느리면 혼쭐이 나던 시절이었다. 그렇게 일주일 정도 연습만 하면 어떤 지형이든지 거총만 하면 가늠쇠 위에 목표가 얹혀진다.

비추어 보면 우리는 골프 스윙에 목표 방향을 정확히 맞추는 동작을 연습해주지 않아서, 잘 칠 수 있고 스코어를 줄일 수 있는 기회를 갖지 못한다.

아이언을 치기 위해 티 샷 후 볼과 그린의 핀 연장 직후 방으로 서서히 걸어 들어간다. 그러면서 어깨를 추스리고 긴장을 풀어주면서 거리와 방향을 결정, 클럽을 선택한다. 그리고 캐디의 수건을 받아 그립을 깨끗이 닦으면서 구질을 선택한다. 가벼운 연습스윙으로 리듬을 찾은 후 어드레스를 취한다.

이때부터 자세히 보면 클럽 헤드를 가볍게 볼의 뒤에 놓으면서 클럽 헤드가 목표 방향에 직각이 되는지 확인한다. 그런 다음 양 발을 모아서 어드레스에 필요한 스탠스를 확보하는데 왼발을 움직여 체중을 적당히 분산시키고 다시 오른발을 움직여 스윙에 적당한 폭을 만든다.

이때 오른발 엄지발가락 안쪽 끝부터 발뒤꿈치까지의 선은 목표 방향에 직각이 된다. 클럽 페이스의 밑 부분(리딩 에지)과는 병행한다. 그러면 오른쪽 무릎 안쪽과 허벅지, 허리, 어깨, 눈의 선이 자연스럽게 목표 방향을 향하게 된다.

무척이나 중요한 자세다. 아마도 '헤드 업 하지 마시오.'에 버금가는 정도의 일이다.

여기에 그립을 정확히 해야 한다. 그립핑이라는 것은 클럽을 우리의 몸에 붙여주는 아주 중요한 행동이기 때문이다.

그중에서도 오른손 그립은 왼손을 덮으면서 오른손 손바닥 장심(掌心)이 목표 방향에 정확히 맞도록 해야 한다. 그래야만 애써 만든 클럽 페이스와 오른발 안쪽의 스퀘어가 성공적으로 이루어진다.

아무리 왼쪽 그립을 엎어서 강한 훅 그립을 잡는다 해도 가능하면 오른손 그립은 목표 방향에 맞추도록 한다. 그리고 프레드 커플스의 오른손 모양을 자세히 관찰해 본다.

연습장에서 무심코 볼만 날리지 말고 이 세 가지만 지키면서 자세를 잡고 다시 풀고…. 정확한 조준 연습이 스코어를 줄인다.

백 스윙 스타트는 느릴수록 좋다

우아하고 멋진 스윙을 갖자.

어렸을 적에 우이동 골짜기로 소풍을 간 적이 있었다. 삶은 계란 두 개, 주먹밥에 사이다 한 병을 들고는 고래고래 소리를 지르면서….

점심을 먹은 다음 가재잡기 내기를 했던 생각도 난다. 가재가 그 당시에는 꽤나 많았다. 우선 있을 만한 곳을 찾아서 숨을 고른 다음 엎드려선 살며시 돌멩이를 들어올린다.

가재란 놈이 워낙 바닥의 색깔과 비슷해 조심하지 않으면 쏜살같이 달아나 버린다. 이때 조금이라도 빠르게 치우면 바닥에 검풀이 일어나 놓치게 된다.

골프도 마찬가지다. 바닥의 돌멩이를 천천히 치우듯 백 스윙의 스타트는 느릴수록 좋다. 어드레스 때, 놓인 볼이 클럽 헤드의 백 스윙 스타트를 모를 정도로 조용히 움직여 나아가야 한다. TV에서의 슬로모션처럼. 이때 클럽 밑면(소울)이 바닥에 놓여져 있으면 스타트 때 풀에 걸리게 되어 리듬이 깨지고, 빠른 백 스윙 스타트가 된다. 클럽의 어드레스란 그립을 한 후 클럽 헤드가 볼 뒷면에 닿을듯 말듯하게 왼쪽 어깨로 들고 있는 것이다. 호주의 백상어 그렉 노먼이 어드레스하는 것을 보면 드라이버나 아이언이나 클럽 헤드를 절대 땅에 내려놓지 않는다.

왼쪽 어깨에 매달린 클럽을 상체를 숙여서 볼에 내려놓은 다음 백 스윙 스타트를 한다. 이것은 왼팔 그립의 힘을 스윙 중에 항상 일정하게 하기 위함이고, 왼팔과 몸통의 긴장을 늦추지 않기 위해서이다.

테이크 백이란 어드레스를 한 후에 왼손을 꼭 쥐면서 왼손 엄지손가락이 가리키는 클럽 헤드와 왼팔이 하나가 되어(우드든 아이언이든 또는 어떤 스탠스건 간에) 오른발 엄지발가락 앞에 갈 때까지 타깃 라인에 직후방으로 보내주는 것을 말한다.

노련한 티칭프로는 백 스윙 스타트 30cm를 보고 그 스윙이 잘될 것인지 아닌지를 안다. 그 안에 리듬, 타이밍, 템포가 있다. 그만큼 백 스윙 스타트는 전체 스윙을 결정지을 정도로 중요하다.

어드레스 때 만들어진 무릎과 몸통이 고정된 채 왼쪽 어깨만을 움직여 헤드가 오른발 엄지발가락 앞까지 갈 수 있도록 뒤로 빼주는 연습을 50번 정도 해준 다음, 하루의 연습을 시작하면 우아하고 멋진 스윙을 갖게 된다.

골프는 '팔자(八)' 소관

아마추어 통산 55승의 박지은 선수는 초등학교시절 피겨스케이팅 선수생활을 하면서 하체의 근력과 유연성, 순발력이 자연스럽게 만들어지고 다듬어져 골프선수로서의 기본 틀이 잘 갖추어졌다.

아담한 체격인 박지은 선수의 공식 드라이버 거리는 342야드이다. 전미 아마추어 챔피언십 드라이빙 콘테스트에서 1위를 차지하기도 했다.

그녀의 장타 비결에는 체중이동의 여덟 팔자가 숨어 있다. 스윙 중 적절히 몸을 이동시켜주고, 상체의 빠른 회전에도 불구하고 균형 잡힌 피니시를 해준다.

우선 어드레스 때 체중을 발가락 쪽이나 발뒤꿈치 쪽이 아닌 양발 중앙 안쪽 장심 부분에 놓이게 선다. 보통 우리는 '체중을 뒤쪽에 두라'고 배웠기 때문에 백 스윙 톱에서 뒤로 넘어질 정도의 불안한 모습이 만들어지기도 한다. 양 발가락이나 발뒤꿈치를 교대로 들어 올릴 수 있는 상태가 균형 잡힌 어드레스 자세가 된다.

백 스윙 스타트 때 클럽 샤프트가 45° 정도 올려지면 왼쪽에 있던 체중이 서서히 오른쪽 다리 안쪽으로 옮겨가게 된다. 이때 오른발 엄지발가락 쪽으로 땅을 누르면서 왼쪽 체중을 옮겨주면 된다. 오른쪽 엄지발가락에 실린 체중은 왼팔과 클럽이 오른쪽 어깨 위로 옮겨지게 되면서 오른발 뒤꿈치 안쪽 - 오른발 안쪽 복사뼈 밑으로 이동된다. 그런 다음 다운 스윙을 시작하게 되는데 이때 왼쪽 허리의 강력한 회전에 의해 오른쪽 다리의 체중은 왼발 엄지발가락으로 빠르게 옮겨가면서 바닥을 누르게 한다. 그러면 왼쪽 다리의 무릎과 허벅지에 힘이 들어가 커다란 벽이 쌓이게 된다. 임팩트 – 폴로 – 피니시 순서로 클럽이 진행하면서 체중도 왼발 새끼발가락 쪽 바깥으로 옮겨지고, 전체 체중이 왼발 뒤꿈치 바깥쪽에 올려지게 된다. 그러나 오른쪽의 체중이 완전히 왼쪽으로 가는 것이 아니고 오른발 엄지발가락이 땅을 꾹 누를 정도로 전체 체중의 20% 정도는 남겨놓아야 한다.

특히 주의할 점은 이런 체중이동이 양발의 기본 스탠스 안쪽 선에서 이뤄져야 한다는 것이다.

백 스윙 톱에서 오른발 엄지발가락이 땅에서 떨어진다든지, 다운 스윙 때 체중이 너무 왼발 쪽으로 기울어져 임팩트 이전에 왼발 바깥쪽으로 이동하면 아웃사이드 인의 궤도를 만들게 돼 슬라이스의 원인이 된다. 이것은 헤드 업과 같은 실수에 해당한다. 여덟 팔자의 체중 중심이동은 골프 십계명 중 하나이다.

느린 스윙으로 타이밍 연습을

밥 때만 되면 나타나 꼭 숟가락 하나 더 놓게 하는 타이밍 좋은 친구가 있다. 언젠가 한 친구가 사업상 빠지게 되어 라운드가 취소될 뻔 했던 순간에 한 친구가 나타나 공짜로 골프장 나들이를 했던 타이밍 좋은 경우가 있었다.

이 친구는 그런 타이밍 못지않게 볼을 치는 타이밍도 좋다. 타이밍이라면 아마도 도미노 게임을 꼽을 수 있을 것이다. 쪽판을 앞뒤로 세워서 그것을 넘어 뜨려 멋진 장면을 연출해 내기 때문이다.

골프에서의 타이밍을 폴 비솔리는 이렇게 정의했다. '적절한 순차적인 동작은 스윙의 모든 요소들이 올바른 순서대로 결합되는 것을 말한다.' 백 스윙 톱에서 왼발과 왼쪽 무릎에 체중이 이동되면 이에 리드되어 왼쪽 엉덩이와 허리가 돌고 몸통과 어깨, 양팔과 양손이 뒤따라 내려간다.

이 모든 것이 거의 순간적으로 적절한 순서에 의해 일체감 있게 이루어지는 것이 타이밍이고, 이런 일련의 동작에서 파워가 나오게 된다. '스윙 스타일에는 변화가 있을 수 있으나 이런 일련의 동작에는 결코 변화가 있을 수 없다' 는 게 비솔리의 조언이다.

볼이 잘 맞지 않을 때에는 단지 타이밍이 좋지 않았을 뿐이다. 기계적인 스윙의 대명사인 닉 팔도는 동작의 순서를 몸에 익히기 위해 평소 연습을 느린 스윙으로 했다고 한다. 5번 아이언으로 10개의 볼을 5개는 최대한 세게 때려 보내고, 나머지 5개는 3/4 정도로 느리게 스윙하는 것처럼 쳐 보내면서 필링을 느껴본다고 한다. 편안하게 칠수록 볼을 더 잘 맞힐 수가 있고 헤드의 스위트스포트에 정확히 맞는 것을 느낄 수 있다고 한다.

비교적 느린 속도로 스윙을 하면서 연동에 대한 감각을 얻게 된다면 우리의 몸은 더 많은 정보를 흡수하고 파악해 근육 속에 기억시켜 줄 수 있다. 백 스윙 톱에서 느리게 스윙을 해주면 몸통의 회전으로 팔을 끌어내릴 수 있게 된다.

그리고 왼팔의 코킹이 풀리지 않은 채 볼의 앞쪽까지 내려오게 되어 순간적으로 헤드에 충분한 스피드가 따르고 임팩트 때에는 거의 1톤의 헤드 무게가 볼에 가해지게 된다. 타이밍이 좋으면서 보다 멀리 보내려면 느리게 치는 법을 알아야 한다.

좋은 스윙 궤도를 만들려면…

뽀오얀 먼지를 날리면서 힘차게 달려오는 말발굽 소리는 영화를 보는 이들의 가슴을 흥분하게 만든다. 카우보이 모자 밑으로 가느다란 눈을 반짝이면서 담배를 입에 물고는 말에서 내린 뒤 통쾌하게 악을 물리치는 서부극의 주인공 클린트 이스트우드처럼 말이다.

요즘 골프장에 가보면 카우보이 모자를 쓰고 골프를 즐기는 골퍼들이 종종 있다. 공을 치다가 벗겨지면 어쩌나 내심 걱정도 되지만 이런 모자를 아무나 쓰고 나올 수는 없다.

백 스윙에서 피니시까지 정확한 스윙 프레인(궤도)을 가져야만 스윙을 해도 벗겨지지 않는다. 스윙 중 자칫 샤프트가 궤도를 벗어나 번쩍 들리기라도 하면 모자는 여지없이 바닥에 뒹굴고 만다.

우선 어드레스 때 숙인 머리는 클럽이 어깨 위로 올라간 다음에 클럽을 따라 올라가야 한다. 오른팔이 왼쪽 어깨 등 뒤로 넘어가기 전에 일어서 버리면 샤프트가 모자챙을 쳐버린다.

골프에서 정확한 방향을 가지려면 좋은 스윙 궤도를 만들어야 한다. 스윙 궤도는 백에서 피니시까지의 회전과정을 옆에서 보면 하나의 평면 위에 있는 것처럼 보인다. 우리가 익히 들어온 벤 호간의 '판유리 이론'이 바로 스윙궤도이다.

특히 중간 중간의 체크 포인트를 알면 좋은 스윙 궤도를 가질 수 있다.

7번 아이언을 기준으로 1단계는 백 스윙 스타트이다. 왼손이 오른발 바깥으로 나가면서 클럽 샤프트가 지면과 수평이 되어야 하고, 샤프트의 그립 끝은 목표 방향을 가리키면서 양발 끝의 연장선이 오른발 바깥에서 샤프트와 일직선이 되어야 한다.

2단계는 서서히 몸통을 돌리면서 클럽 헤드를 오른쪽 목과 어깨 사이로 올리면 그립 끝은 볼을 가리킨다.

그리고 왼손이 오른쪽 귀 옆에 왔을 때 클럽 헤드는 골퍼의 등 뒤로 올라가게 된다. 이때 클럽 헤드의 페이스가 땅과 수직이 되어야 하고 헤드 코가 목표 방향을 가리켜야만 스윙 궤도에 의한 클럽 헤드의 백 스윙이 잘 되었다고 볼 수 있다.

연습 스윙을 할 때 중간 중간 체크를 하면서 하면 누구나 프로 못지않은 폼과 방향을 가질 수 있다.

찍어치기와 쓸어치기 타법

심한 가뭄으로 인해 모내기하고 100일이면 먹는다는 벼를, 모내기조차 못한 농부의 마음이야 오죽하랴마는 간만에 나가본 골프 코스의 잔디가 누렇게 타들어가 마치 초겨울의 맨땅을 연상케 하면 마음이 무거워진다.

오랜만에 영국 출신의 로라 데이비스가 우승의 승전보를 알려왔다. 로라는 호쾌한 장타로 인해 우리나라의 남자 골퍼들에게 특히 인기가 있어 국내 대회의 단골손님이었다. 드라이버를 거의 쓰지 않고 2번 아이언으로 티 샷을 즐겨하는 그녀는 땅을 파는 샷을 하지 않는다. 그러면서도 웬만한 선수가 드라이버로 친 볼보다 멀리 나가는 이유는 볼을 쓸어치기 때문이다.

아이언은 생긴 모양에 따라 볼을 찍어치거나 쓸어치게 된다. 지금은 거의 없어졌지만 예전에 많은 프로들과 싱글들이 사용했던 '머슬백'이라는 클럽은 뒷등이 두툼해서 볼에 클럽 헤드의 전체 무게를 얹어서 거리와 방향을 만들어내려고 땅을 눌러치다 보니 볼을 찍어치는 타법이 선호됐다.

그러나 지금은 캐비티백(저중심)이라고 해서 클럽 헤드의 밑 부분이 두껍게 만들어졌고 페이스는 얇아 스윙만 하면 클럽 헤드의 원심력을 증가시키게 되어 있다. 따라서 클럽이 볼의 뒤에 정확하게 들어가게 되고 임팩트 존도 더 길어지면서 팔로 스루와 피니시가 좋아지게 되어 보편화되고 있다.

한때는 하수들의 클럽이라고 가볍게 보았으나 미국 투어 프로들조차도 쉬운 채로 쉽게 치자는 경향이 뚜렷해지면서 몸에 큰 무리가 가지 않는 클럽을 선호하게 된 것이다. 이런 클럽은 볼을 약간 왼쪽에 놓고 크게 피니시하면서 스윙을 끝내게 되면 방향과 거리를 충분히 얻게 된다.

볼의 위치는 왼발 뒤꿈치 안쪽 앞에 위치하는 드라이버를 기준으로 볼 때 각 클럽별로 반 개씩 우측으로 들어오면서 위치하면 아주 좋은 임팩트 포인트가 된다. 5번 아이언 이하의 클럽은 드라이버 때 볼의 위치보다 볼 2개 안쪽(우측)으로 위치시켜주면 아주 깔끔하게 샷이 만들어지고 그린에서 스핀도 훌륭해진다.

요즘같이 페어웨이가 좋지 못할 때는 자칫 찍어치기를 하다 실수(오비 또는 섕크)를 할 수 있으므로 가급적이면 스코어도 좋아지는 쓸어치기 타법을 권하고 싶다.

아이언 샷 최상호 프로만큼 치는 법

클럽이나 볼을 새로 만들면 그와 관련된 어떤 통계를 미국골프협회에 제출을 해야만 골프용품으로서 인정을 받게 된다. 골프용구 중 1,000개고 2,000개고 쳐내는 기계가 있는데 이름하여 '호간머신'이라고 한다.

한때 '미국의 매'라고 불린 아이언 샷의 귀재 벤 호간의 성을 딴 것으로, 호간은 200야드 지점의 깃대 오른쪽 3야드를 목표로 삼으면 정확히 지속적으로 쳐냈다고 한다. 그만큼 정교한 아이언 샷을 구사했다.

국내외 대회에서 통산 60승을 거둔 베테랑 최상호 프로는 150야드 떨어진 깃대를 공략할 때 한 클럽 이내를 보고 샷을 한다고 한다. 한 대회, 특히 4라운드에서 3번만 떨어져 주면 우승을 한다고 하니 얼마나 정교한 샷이고 자신 있는 샷인가.

이번 주에는 눈 딱 감고 7번 아이언만 연습해 보자. 우선 스윙의 크기, 헤드의 속도, 임팩트 존, 피니시의 자세를 연습해 본다. 스윙의 크기는 클럽을 쥔 왼손이 백 스윙 톱의 위치에서 오른쪽 귓등까지 가도록 크게 돌려보자. 그냥 숨을 멈추고 돌리면 안 되므로 숨을 내 쉬면서 백 스윙을 한다. 그러면 다 내쉬었을 때 왼손이 오른쪽 귓등까지 쉽게 갈 수 있다.

헤드를 그냥 돌리면 휘둘러 내는 속도가 나질 않아서 거리가 나지 않는다. 다운 스윙 때 오른쪽 팔꿈치를 오른쪽 엉덩이 쪽으로 떨어뜨리면서 왼손을 돌리면 코킹도 안 풀리고, 헤드 스피드도 2배로 증가되어 충분한 거리를 만들어 낸다. 손이 내려오는 속도보다 헤드의 속도가 4배나 빨라지기 때문이다.

그런 다음 볼의 앞쪽으로 20cm 정도를 파는 연습을 하자. 한 일(一)자로 줄을 긋고 왼쪽으로 길이 20cm 정도 파게 되면 아이언의 헤드에 무게가 실려 펀치력이 키워진다. 또 임팩트 존도 길어져 올바른 스윙이 만들어지고 볼을 치는 맛이 나게 된다. 그리고 양 어깨 높이가 지면과 수평이 되고 가슴, 오른쪽 무릎, 오른쪽 발등이 목표 방향을 보게 되면 정확한 아이언 샷의 거리와 방향을 얻게 된다. 이대로 일주일만 하면 최상호 프로만큼은 칠 수 있다.

쇼트 게임, 아이와 놀듯이 부드럽게

굴리고 긁어치고 깎고 튀기고 – 이 네 가지 기술을 14개의 클럽에 맞춰 그린 주변에서 어프로치 할 줄 알면 이미 당신은 싱글 수준이다. 그만큼 부드럽게 그립을 하고 오체를 경직되지 않게 사용할 줄 안다는 것이다.

사랑하는 사람과 거닐 때 이를 악물고 손을 쥐는가, 누가 볼까 겨우 손끝으로 잡고도 따뜻한 사랑을 느낀다. 사랑하는 사람을 안아줄 때 으스러지게 안는가, 깨어질세라 부드럽게 안아준다.

이것이 작은 샷, 어프로치와 퍼팅할 때 그립의 강도이다. 쇼트 게임은 날릴 필요가 없기 때문에 으스러지고 찌그러지게 쥘 필요가 없다. 그저 왼손의 엄지손가락과 검지가 헤드의 무게를 느낄 정도로만 해주어야 한다.

즉 왼손 엄지손가락의 지문이 그립에 찍힐 정도면 된다. 드라이버는 큰 샷이기 때문에 그 움직임에 맞춰 어쩔 수 없이 그립을 강하게 쥐어야 겠지만 쇼트 게임은 컨트롤이 중요하다. 그립을 강하게 쥐고 헤드로 볼을 때리려고 하면 자연히 손목이 굳어지고 몸에 힘이 들어가게 된다. 헤드의 움직임이 부드럽게 이루어지지 못하는 이유이다.

또 거리감은 손끝에서 만들어진다. 눈에 비친 느낌을 손끝에 전달해 작은 몸놀림으로 헤드 무게를 볼에 전달해 주어야 볼은 부드럽게 날아올라 원하는 곳에 떨어진다.

'작은 채는 작게, 큰 채는 크게 쓰라'는 말이 있다. 작은 클럽은 움직임 또한 작게 되지만 그립핑 역시 작게 해 주라는 의미도 된다. 드라이버일 경우 양손을 가능하면 벌려잡고 손가락 사이사이도 띄워서 크게 그립핑을 해주어야 한다.

그러나 작은 스윙은 양손이 하나의 느낌이 되도록 가능하면 서로 밀착해서 스윙의 중심을 하나가 될 수 있도록 만들어 주는 것이 좋다. 또 롱 샷은 팜그립(손바닥 쥐기)이 더 효용성이 있겠으나 쇼트 게임은 손가락 끝에서 노는 게임이므로 핑거그립(손가락 쥐기)으로 해야 한다. 손목, 양팔이 부드럽게 되면서 양어깨 근육에 힘이 빠지게 되고 목 근육 또한 부드럽게 된다. 호흡과 마음이 안정되면서 클럽 헤드에도 작은 리듬이 만들어져 볼은 가볍게 튕겨 올라간다.

자, 이제 눈을 감고 가볍게 연상해 보자. 가끔 놀이터에서 그네를 밀어주는 어머니를 볼 수가 있다. 아이의 뒤에 서서 떨어질세라 가볍게 밀면서 손가락 끝으로 튕겨 준다. 쇼트 게임은 이렇게 아이와 놀듯이 하는 게임이다.

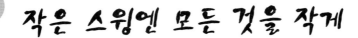

작은 스윙엔 모든 것을 작게

무거운 골프클럽을 가지고 오늘도 신나게 골프장으로 간다. '이 친구들을 기어코 혼내 줘야지' 벼르면서 말이다. 골프백 속에는 여러 개의 클럽이 들어 있다.

거리를 내는 우드, 롱 아이언, 그런대로 방향이 요구되는 미들 아이언, 거리보다 방향을 중요시하는 쇼트 아이언 등이 앞칸 뒤칸에 자리를 잡고서 주인의 부름을 기다리고 있다. 그런데 경기가 끝나고 성적표(?)를 보면 스코어의 60%가 바로 쇼트 게임에서 좌우된 것을 알게 된다.

대개 드라이버 티 샷 다음에는 쇼트 아이언 거리인 100~120야드가 남는다. 쇼트 아이언인 8~9번, 피칭 웨지 등으로 그린 위에서 별로 구르지 않고 핀에 바짝 멈추어 서는 샷을 구사해야 한다. 이런 타법을 만들어내려면 우선 스탠스의 폭을 좁혀야 한다.

드라이버와 쇼트 아이언의 스탠스를 같게 하면 자신도 모르게 백 스윙 톱에서 바로 볼을 때려야 된다는 착각을 갖게 된다. 부드러운 몸통 회전과 헤드의 무게로 볼을 맞추는 것이 아니라, 급하게 들어 올려서 디봇이 한 삽은 되게 파내면서 볼이 깨져라 때리게 되는 것이다.

스탠스의 폭은 25~30cm 정도가 좋다. 그래야만 빠른 백 스윙이 되지 않는다. 다운 스윙도 백 스윙 톱에서 만들어진 왼팔 겨드랑이의 조임이 임팩트까지 떨어지지 않게 되어 헤드 무게로 볼을 맞출 수 있도록 이뤄진다.

　스윙의 아크도 작아져서 스윙 중 체중이동으로 방향성을 잃게 되는 경우를 방지하게 된다. 클럽 역시 두 손을 가볍게 모아 좁게 잡으면 샷의 중심에 보다 충실할 수 있다. 귀 따갑게 듣던 오픈 스탠스를 취함으로써 백 스윙 때 클럽 헤드가 자연스럽게 업라이트(세로 들기)로 만들어져 임팩트 존이 길어지고 방향성을 증가시킨다.

　쇼트 아이언을 잘 사용하려면 스윙 중 좌우의 체중이동이 별로 없이 축을 중심으로 회전하고 클럽은 휘두르는 것보다 헤드 무게를 볼에 맞추어 주는 정도면 만족한 샷이 나온다. 피니시는 클럽 헤드에 맡겨 어깨 위로 올라가게 하고 헤드 업을 주의하기만 하면 된다.

　꼭 볼이 보고 싶으면 고개를 돌려 볼의 밑에 시선이 가도록 올려 보도록 하자. 쇼트 아이언은 방향을 위주로 하는 작은 스윙이므로 짧은 클럽은 모든 것을 작게 하는 것이 좋다.

아이언 샷, 힘을 빼라

14자루의 클럽 중 아이언은 보통 3번부터 시작된다. 더러는 2번 아이언을 넣기도 하지만 웬만큼 롱 아이언에 자신이 있지 않고는 3번조차도 사용하기를 꺼린다. 한 라운드 동안 거의 꺼내지 않는 경우도 많다.

보통 3번 아이언은 잘 맞지도 않고 평소 연습도 하지 않는 바람에 대개 힘으로 때려서 해결해 보려고 한다. 거리로는 180야드 정도이고 풀(클럽의 헤드 리딩 에지보다 클럽 샤프트가 목표 방향 쪽으로 기울어 지는 정도를 나타냄)의 각도가 3도에 지나지 않아 거의 타구와 동시에 클럽 헤드가 왼쪽으로 올라가는 모양의 샷을 해주어야 좋은 맛이 난다.

우선 우드에 가까우므로 스윙도 우드처럼 해주어야 하지만, 스윙 궤도는 아무래도 아이언이므로 업라이트로 해야 한다. 볼의 위치는 왼팔 겨드랑이 앞쪽이 된다.

스푼보다 볼 반 개 정도 오른쪽에 놓으면 된다. 스윙을 할 때 아이언이라 해서 힘으로 해결하려고 오른손과 오른쪽 어깨를 사용해 과하게 때려 치거나 다운블로로 찍어치면 클럽 페이스가 임팩트 순간 열리게 되어 슬라이스가 된다.

롱 아이언을 잘 쓰려면 어드레스 때 클럽 헤드와 왼손, 왼쪽 어깨가 우측으로 크게 백 스윙되어 올라가면서 작은 클럽보다 코킹을 늦게 시작해 준다. 보통 허리쯤에서 시작되는 코킹을 롱 아이언은 가슴께 쯤에서 시작해야 백 스윙의 톱도 높아지고 다운 스윙 때 오른쪽 어깨와 팔에 힘이 덜 들어간다.

체중이동은 오른쪽에 70%를 옮겨 놓으면 다운 스윙 때 왼쪽 어깨와 왼쪽 허리의 회전으로 왼팔을 끌어내려 크게 휘두르는 모양이 된다. 백 스윙 톱에서 애써 빠르게 힘주어야 할 필요도 없고 백 스윙된 몸은 원래의 어드레스 쪽으로 왼쪽을 돌려준다는 기분이면 충분하다.

연습장에서 매트의 왼쪽 끝에 볼을 놓고 연습 스윙하듯이 가볍게 볼을 털어 내는 요령을 익혀 두어야 한다. 롱 아이언이라고 내려 치다보면 오른쪽에 힘이 들어가 스윙의 밸런스와 리듬을 망가뜨린다.

다운 스윙 '대장'은 왼쪽 어깨

다운 스윙은 왼쪽 어깨를 먼저 돌려야 된다. 백 스윙 톱에서 양손이 오른쪽 어깨 위에 올려져 있을 때 왼쪽 어깨를 왼쪽 등판 쪽으로 돌려주는 동작만으로도 볼을 충분히 멀리 보낼 수 있다. 골프라는 운동은 드라이버든, 9번 아이언이든 휘둘러서 원심력을 만들어 클럽 헤드의 가운데에 맞춰주는 것만으로도 원하는 곳으로 보낼 수 있다.

가을 운동회 때 단골 메뉴 중의 하나로 학년대항 꽁지잡기 게임이 있다. 맨 앞에 대장이 있고 그 뒤로 한 줄로 늘어서 양팔로 앞사람의 허리를 감싸 안아 하나의 연결고리를 만들고서는 상대편 줄의 꽁지를 잡아내면 이기는 게임이다.

상대편의 꽁지를 잡기 위해 선두에 있는 대장이 한 발짝 움직이면 뒤에 있는 사람은 두 발짝, 세 번째 사람은 세 발짝 움직이는 식으로 점점 바빠지고 맨 뒷사람은 거의 날아갈 듯이 이리저리 뛰게 된다. 앞사람의 힘이 계속적으로 뒤로 이어지는 원심력의 원리이다.

백 스윙 톱의 왼쪽 어깨가 왼쪽으로 20cm 정도 움직이면 그립은 1m를 다운 스윙하게 되고, 헤드는 4~5m를 움직여 볼에 부딪치게 된다. 이때 속도는 약 0.5초로, 헤드 스피드는 보통 120km의 속도를 갖게 되고 볼에 순간 가해지는 헤드 무게는 1톤 이상이 된다고 한다.

이는 7번 아이언으로 130야드 정도를 날려주는 아마추어 골퍼의 수치

이다. 이 순간 오른쪽으로 옮겼던 체중을 왼쪽으로 이동하면서 허리와 몸통의 큰 근육을 1차적으로 움직인다. 왼쪽 무릎 위에 전체 체중도 자연히 옮겨지면서 왼쪽 어깨가 왼쪽으로 돌아 들어오게 되는 것이다.

골프를 잘 치려면 하체가 좋아야 한다. 순간적으로 체중이동을 해도 정확하게 버텨 양쪽 무릎이 목표 방향으로 움직여 갈 수 있도록 하체의 큰 근육이 힘을 내어서 허리를 돌려주어야 하기 때문이다.

즉 골프는 하체의 70%, 힘과 상체의 30% 힘으로 쳐야한다는 말이다. 그리고 왼쪽 어깨로부터 이어지는 연쇄파동이 팔꿈치, 손목, 손, 샤프트를 통해 헤드(꽁지)에 전달될 때 원심력이 만들어진다.

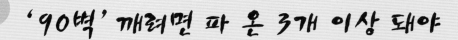

'90벽' 깨려면 파 온 3개 이상 돼야

골프를 잘 치려면 남보다 먼저 그린에 볼을 올려놓아야 한다. 그래야 상대를 이긴다. 거리도 멀리 나가야 하지만 다른 플레이어가 그린에 올리지 못하고 있을 때 그린에 올리는, 즉 파 온의 비율이 골프의 점수에 가장 큰 영향을 준다.

타이거 우즈의 버디율은 3.45 홀마다 한 개씩 나온다고 한다. 이럴 경우 평균 스코어는 68타가 된다. 타이거 우즈의 파 온은 18 홀을 기준으로 14번 이상이 되는 셈이다.

나머지 4번은 그린에 맞고 그린 밖으로 나가거나 그린 주변에서 트러블 샷을 하게 된다. 물론 파로 막거나 환상의 어프로치로 홀 인 시켜 버디로 연결하기도 한다.

파온율은 스코어에 얼마나 영향을 미칠까? 95타를 치는 골퍼

는 18홀을 도는 동안 온 그린이 거의 한 번도 없게 된다. 드라이버나 세
컨드 샷의 미스로 파 온을 하지 못한다. 한 라운드에 미스 샷이 17개 정
도, 퍼팅 수도 40개를 넘어 스코어가 줄어들지 않는다.

뿐만 아니라 버디는 거의 나오지 않아 골프의 재미도 크게 느끼지 못
하게 된다. 90벽을 넘으려면 아무래도 드라이버와 아이언을 최소한 150
야드 이상 보내야 하고 파 온이 3개 이상은 되어야 한다.

80대를 치려면 파 온은 최소 6, 7개가 되어야 하고 미스 샷도 10개 이
내여야 한다. 그러면 버디는 라운드당 1.5개가 되고 파도 8개 이상 잡게
된다. 라운드당 파 퍼팅을 36타라고 하면 90대 골퍼는 그린까지 56번 만
에 간다는 얘기가 된다. 물론 벌타도 있고 미스 샷도 있겠으나 가장 중요
한 것은 파 온의 비율이다.

라운드당 3차례 파 온은 90을 깨고, 8차례 파 온은 80을 깨고, 13차례
온 그린은 70을 깬다. 온 그린 횟수에 2를 곱해 95에서 빼면 그날의 스코
어가 된다. 이 공식은 신기할 정도로 스코어와 맞아 떨어진다. 이제 라운
드 때 온 그린에만 신경을 쓰고, 계산해 보도록 하자.

홀인원, 핀을 향해 노려야

"조금 크게 잡고, 그저 스윙만 한다는 기분으로 가볍게, 아주 가볍게 친 것이 그린에 떨어져서는 몇 번 튀다가 홀이 빨아들인 것처럼 쏙 들어가 홀인원이 되었다."

누구든 홀인원에 대해 얘기할 때면 이렇게 말한다. 그런데 홀인원은 볼을 때려서 보내면 안 되고, 핀을 향해 노려야 나온다. 그저 가볍게 또 너무 깊이 생각하지 않고 편안하게 쳐야 들어간다.

최연소 홀인원 기록이 네 살짜리라고 하니 과연 그 아이가 힘주어 치고, 계산적으로 쳐서 그랬을까. 기술보다는 운이 따라주었기 때문이지만 그래도 물 흐르듯 리듬이 맞아서 된 일이다.

그렇게 되려면 우선 적당한 거리의 클럽을 골라 잡고 볼을 올려놓고, 볼의 뒤에서 방향을 포착한다. 그리고 볼의 뒤에 클럽 헤드가 목표 방향을 가리키도록 놓고, 클럽이 원하는 만큼 그립의 위치를 설정한다.

볼과 나와의 간격에 맞춰 선 다음 편안한 어드레스가 될 수 있도록 스탠스의 폭을 결정한다. 가볍게 치려면 생각보다 좁은 스탠스를 가져야 하고, 양발 끝의 연장선이 목표 방향을 가리키도록 서야 한다.

그리고는 클럽을 들어 헤드 무게를 느끼며 몇 번이고 왜글을 해 본 다음 그립핑을 하고, 허리를 굽혀서 스윙의 높낮이로 맞추며 무릎을 살며시 굽혀준다. 이어 2번 정도 호흡을 편안히 한 뒤 백 스윙을 시작한다.

왼팔은 편 채 왼쪽 어깨를 돌려 클럽 헤드가 오른쪽 어깨 위로 올라가도록 밀어주면서 오른쪽 허리 정도에서 코킹을 시작해 오른쪽 어깨 위에서 톱 스윙을 만든다. 체중의 70%를 오른쪽으로 옮겨 다운 스윙, 클럽에 체중을 실어 날카롭게 내려칠 수 있도록 해주어야 한다.

왼쪽 손등이 목표 방향을 향할 때 오른손 검지 호미걸이가 볼을 치는 느낌을 갖도록 임팩트하면서 턱을 고정시켜 헤드 업을 방지하고, 펀치력도 높여 핀을 향해 날아갈 수 있도록 한다. 무리 없는 피니시로 배와 오른쪽 무릎이 목표 방향을 향해 서 주면 홀인원이 나온다. 2초 반 동안에 말이다.

이런 동작이 자연스럽게 나올 수 있도록 평소 연습을 해두어야 한다. 그러나 홀인원의 여신은 핸디캡을 가리지 않고 찾아가는 것을 보면 운도 따르는 것 같다.

볼 위치 개인 특성에 맞춰라

눈치 빠른 타자는 투수의 와인드 업 동작만으로도 직구인지 커브인지를 알아차린다고 한다. 골퍼들도 드라이버를 잡고 연습 스윙을 하는 동작에서, 볼의 위치와 티의 높이에 따라 그 선수의 뜻을 알아차릴 수 있다.

'장타를 날리고 싶으면 볼을 왼발 바깥쪽에 놓아라, 티의 높이를 5cm 정도 올려라, 머리를 고정시킨 채 밑에서 위로 빠르게 떠 올려치는 스윙을 해서 볼의 체공시간을 늘려라' 등등 떠도는 얘기가 여럿 있다. 그러나 장타를 날리고 싶다고 시중에 떠도는 얘기대로 하다가는 헝클어진 실타래처럼 되고 만다.

우선 각자의 체격과 스윙 습관, 성격 등에 따라 볼의 위치를 결정지어야 할 것이다. 무조건 왼발 뒤꿈치 앞에 볼을 놓아야 하는 것은 아니다. 골프에 처음 입문했을 때 문외한이 가장 쉽게 어느 정도 볼을 맞출 수 있는 공통분모가 왼발 뒤꿈치 앞 선상이 된다는 말이다.

키가 작고 하체가 튼튼해서 빠른 회전에도 불구하고 피니시의 균형성이 뛰어난 골퍼는 볼을 왼발 바깥쪽으로 치우치게 놓아도 무방하다. 영국의 이안 우스남 같은 체격의 골퍼들 말이다. 이런 스타일의 골퍼는 힘도 좋아서 꼭 스윙으로만 고집하지 말고 때려서 보내는 힛팅거(Hittinger)가 되어도 좋다.

키가 크고 마른 편인 골퍼들은 힘보다는 팔의 길이와 클럽의 길이를 연결한 충분한 스윙으로 아크를 크게 사용하는 방법이 바람직하다. 이런 골퍼를 '스윙거'라고 부른다. 따라서 볼 위치는 플레이어의 신체구조, 자세, 클럽의 길이, 스윙 스타일에 의해 결정지어져야 한다. 또 개개인의 스윙 중의 균형성에 의해 결정되기도 한다.

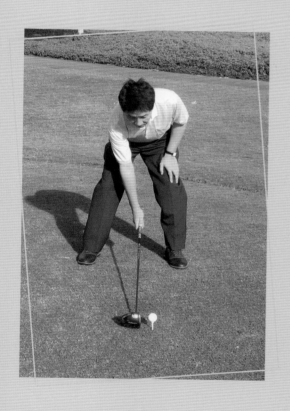

드라이버 샷을 위한 볼의 위치는 매일매일 조심씩 바뀐다고 해도 틀린 말은 아닐 것이다. 사람의 근육은 6시간만 지나면 골프 연습 때의 근육에서 평상시의 근육으로 돌아온다고 한다.

장타를 겨냥한 볼의 위치는 현재의 위치에서 볼 4개를 합쳐놓은 사각형 크기 안에서 앞뒤 좌우로 왔다갔다 해야 한다.

'환상 기술' 백 스핀 도전하기

골프 마니아들은 세계적인 선수들이 출전하는 빅 이벤트를 밤잠 설쳐 가며 본다. 다음날의 화젯거리로 어느 선수가 아이언 6번으로 240야드나 날렸느니, 누가 백 스핀으로 핀에 쭉 끌어당겨 붙였느니 하면서 즐거워하게 된다.

그런데 그런 선수들이 친 볼은 그린에 떨어지기가 무섭게 꼭 홀 컵을 향해서 굴러간다. 게다가 웨지 샷은 툭 쳐서 보내도 두어 번 튀어서는 뒤로 쭉쭉 끌려 내려온다. 많은 아마추어들이 해보고 싶어 하는 기술적인 샷이다.

이 신기한 샷을 구사하려면 우선 톱 프로들이 사용하는 부드러운 커버의 볼을 선택해야 한다. 부드러운 재질이 클럽 헤드에 맞게 됨으로써 순간적으로 페이스에 붙어있는 시간이 딱딱한 볼보다는 조금 오래 있게 되어 역회전이 보다 쉽게 만들어질 수 있다.

이때 클럽 페이스에 길게 파져있는 홈(그루브)이 한 몫을 하기도 한다. 볼과 페이스에 순간 접착이 좋게 되도록 볼에 묻어있는 물이 이 홈을 타고 쉽게 빠져나가면서 홈이 볼을 돌려준다. 두 번째로는 클럽 페이스가 항상 깨끗해야 백 스핀 볼을 칠 수 있다. 프로들은 볼과 페이스 사이에 풀이 두 닢만 끼어있어도 스핀이 먹지 않는다고 한다.

세 번째로는 급한 각도의 다운 스윙이 있어야 한다. 쇼트 아이언이니

만큼 백 스윙을 아주 업라이트로 바로 들어 올려서 거의 45° 정도로 클럽 헤드가 볼을 향해 내려갈 수 있도록 해야 한다. 이때 볼은 양발 가운데 놓고 어드레스 때 체중이 왼발에 60% 정도 되게 한다.

다운 스윙 때 왼발을 누르는 듯한 자세로 백 스윙과 피니시의 크기가 대칭이 되게 하면서 상체의 회전으로 헤드를 다운시키고 부드러운 템포와 리듬으로 돌려준다. 그리고 왼팔을 곧게 편 상태로 상체의 회전으로 헤드를 돌려주면서 볼을 내려찍고 마지막에 얼굴이 목표 방향을 보도록 한다. 홀 가까운 지점에서 큰 스윙의 폭을 요구하는 기술로 스윙의 스피드를 전체적으로 느리게 가져가면 된다.

손목을 사용해 볼 밑으로 헤드를 빠르게 넣어 돌려주면 될 것 같지만 오히려 실수만 많아진다. 천천히 리듬을 가지고 연습하면 아주 멋진 스핀 샷이 만들어진다.

작은 클럽일수록 체중을 왼쪽으로

'대우소좌(大右小左).' 억지로 만들어 본 말이지만 골프 스윙에서 헤드 업이란 단어를 소홀히 해서는 안 된다. 이는 체중의 위치를 말하는 것이다. 큰 클럽일수록 체중을 우측에 기울어지게 놓고, 작은 클럽으로 갈수록 좌측에 체중이 오도록 한다는 말이다. 3피트 정도의 퍼트는 거의 왼발에 체중을 놓고 오른발은 뒤꿈치를 든 상태로 해주어야만 신체의 큰 움직임이 없어 홀 인 시킬수 있는 확률이 높다.

특히 어프로치 샷에서는 클럽 헤드가 볼을 직접 가격해 주어야만 하기 때문에 체중의 분배를 왼발에 6, 오른발에 4가 되도록 하면 아주 자연스럽게 다운블로 샷의 형태가 나올 수 있게 돼 일부러 볼을 때려주지 않아도 훌륭한 터치가 이뤄진다. 그러나 자칫 쇼트 어프로치에서 오른손에 힘을 주면 뒤땅이나 토핑이 나오게 된다. 또 생각지도 않은 생크가 나와 큰 실망을 안겨준다.

볼에서 홀까지 10m가 넘는 거리라면 샷의 크기가 6대 4가 되는, '낮게 날면서 충분한 스핀이 만들어지는 샷'을 구사해야 한다. 이 샷은 볼이 놓인 곳의 라이가 좋지 못할 때 사용하는 미니 펀치 샷이기도 하다. 백 스윙이 커서 헤드 무게가 볼에 조금은 크게 작용하는 샷인데, 백 스윙 때 몸통을 조금 돌려 왼팔을 보내고 손목의 코킹을 약간 사용해 준다.

임팩트 이후에는 왼팔과 클럽이 일자가 될 수 있도록 몸통을 돌려 백 스윙의 크기보다 작게 해주면 아주 낮게 날면서 첫 바운스부터 바이트(첫 바운스에서 생기는 볼의 역회전)가 생기게 된다. 그리고 2~3번 바운스한 뒤에 홀 컵을 향해 부드럽게 가는 타구가 만들어진다. 이때 왼손은 임팩트 이후에도 클럽 페이스와 같이 목표 방향으로 유지시켜 주어야만 한다.

그러기 위해선 오른쪽 어깨를 헤드를 따라 목표 방향으로 조금 크다 싶을 정도로 보내주어야 한다. 오른쪽 어깨를 보내주지 않으면 임팩트 순간에 클럽 헤드가 왼쪽으로 급하게 닫히게 돼 분명 홀 컵을 향해 바운스를 했으나 목표 방향의 왼쪽으로 굴러가게 된다.

스핀의 양과 방향의 조절능력은 그린 미스 후에도 버디로 이어질 수 있어 기사회생의 기회가 된다.

Approach Shot

Chapter 4

어프로치 샷, 그린을
읽고 느껴야 한다

칩 샷은 먼저 잔디결 확인을

"많은 아마추어들이 풀 스윙은 편하게 하지만 75야드 이내의 샷을 어려워한다. 또 스코어의 손해가 그린 주변에서 만들어지는 만큼 정규 피칭 웨지보다 로프트가 큰(52°~60°) 웨지 1~2개쯤 충분히 연습해 두어야 한다."

타이거 우즈가 아마추어들에게 던지는 쇼트 게임에 대한 조언이다.

프레드 커플스는 마스터스의 우승자이자 스킨스의 챔피언이기도 하다. 그가 많은 스킨스를 따낸 이유는 롱 히터이자 훌륭한 피처이기 때문이다. 2~3홀을 연거푸 비기면 많은 상금이 파 5홀로 모아진다. 이때를 기다려 프레드 커플스는 쇼트 게임의 실력을 십분 발휘한다.

세컨드 샷으로 그린 주변에 도착한 볼은 거의 핀에 붙거나 이글 홀 인이 된다. 프레드 커플스는 일부러 이런 상황을 많이 만들어 집중적으로 연습한다.

특히 칩 샷(그린 위에 살짝 띄워 올려 굴러가게 하는 샷), 피치 샷(70~80야드의 거리에서 볼을 부드럽게 띄워 그린에 안착시키는 샷), 피치 & 런(그린 주변 30야드 이내에서 그린에 떨어뜨려 핀을 향해 적당히 굴러가게 하는 샷), 로브 샷(핀에 바로 떨어뜨려 멈추게 하는 샷) 등을 연습하면 효과적이다.

먼저 칩 샷을 살펴보자. 이것은 그린에 정확히 올렸다고 생각했으나 약간 길어서 그린 밖으로 1~2m 나갔을 때 사용하는 어프로치 기술을 말한다. 그린 주변의 장애(러프)를 살짝 넘어 그린에서 홀 컵을 향해 굴러가는 모양이다.

클럽은 볼이 놓여 있는 라이의 상태를 고려해 선택해야겠으나 자신이 없을 때는 퍼터를 이용하는 것이 좋다. 에이프런(러프보다 짧고 그린보다 긴 잔디)에 놓여 있을 때 주로 사용되지만 잔디의 저항만 알면 퍼터로도 쉽게 성공시킬 수 있다.

먼저 역결(볼의 진행 방향과 반대로 된 잔디의 결)인지 순결인지를 확인하고 힘의 강약을 조절한다. 퍼팅하듯이 자세와 그립을 잡는다. 거리에 따라 스윙의 크기와 힘의 강약이 만들어지겠지만 우선 홀 컵과 그린의 가장자리, 가장자리에서 볼까지의 거리를 각각 계산해서 더해주면 거리가 나온다.

역결일 경우 잔디의 저항이 있기 때문에 볼을 보낼 거리는 순결일 때의 두 배가 되어야 한다. 예를 들어, 홀 컵에서 그린까지 5m, 그린 에지에서 볼까지 2m인 경우 그린 에지에서 볼까지 거리의 두 배인 4m를 보내주어야 한다는 것이다. 즉 모두 9m의 힘과 스윙의 크기로 볼을 쳐주면 아주 훌륭한 맞춤거리가 된다.

러닝 어프로치는 퍼팅 자세로

브리티시 오픈이 열리는 세인트 앤드루스 올드코스. 이곳에서 정말 많은 골퍼가 울고 갔다고 한다. 그 중에서도 악명 높은 17번 홀, 일명 '로드 홀'로 불리는 이 홀은 그린이 8자 모양인데다가 3단 그린 정도의 경사, 그리고 뒤쪽이 빠른 내리막으로 되어 있다.

특히 그린 앞쪽 가운데에 위치한 커다란 포트벙커가 한 길은 된다. 닉 팔도가 이 대회에서 우승할 때 17번 홀의 전략은 그린 우측에 볼을 떨구어 러닝 어프로치로 핀에 붙이는 것이었다. 거리에 따라 러닝 어프로치 클럽이 다르겠지만 닉 팔도는 아주 간단하게 처리하곤 했다.

우선 그린 주변에서 퍼터를 제외한 러닝 클럽으로는 미들 아이언이나 롱 아이언이 주로 사용된다. 러닝 어프로치는 볼이 그린에 떨어지면 롱 퍼팅과 같은 모양으로 홀 컵을 향해 굴러가기 때문에, 볼이 놓인 곳으로부터 약간만 튀어 올라 그린에 떨어뜨릴 클럽을 선택하는 것이다.

러닝 어프로치는 퍼팅 자세로 한다. 즉 양쪽 팔꿈치를 굽힌 다음 어깨와 손목이 오각형이 되도록 만들면서 겨드랑이를 옆구리 쪽으로 붙여준다. 그리고 퍼팅 때와 같이 왼손의 검지가 오른손을 덮을 수 있게 전형적인 퍼팅 그립을 한다.

또 목표 방향으로 왼쪽 엉덩이를 기댄 듯하게 체중을 약간 왼쪽으로 두고 발뒤꿈치의 폭은 최소한 줄여(반 발 정도) 몸의 움직임을 억제시켜야 한

다. 이때 보통의 퍼팅처럼 머리, 어깨, 허리 무릎을 타깃 선에 일치시켜 준다.

그립은 웅크린 만큼 내려잡게 되는데 고무 그립의 끝선까지 내려 쥐면 클럽 헤드의 통제력이 훨씬 좋아지게 된다. 어드레스 때는 분명하게 핸드퍼스트로 히팅될 수 있도록(약간의 다운블로와 방향 통제력 보강) 자세를 잡아준다.

정확한 러닝 어프로치의 요령으로 작은 공식이 있다. 8번 아이언부터 3번 아이언까지 사용하게 되는데 로프트가 클수록 위험지구를 뛰어넘는 각도가 커서 쉽게 넘는 대신 러닝이 적어진다.

예를 들어 3번 아이언을 그린 온을 전제로 1m 정도 쳐주었을 때 러닝은 7m 가서 멈추게 된다. 4번 아이언은 6m, 8번 아이언은 2m 가서 정지한다. 이때 히팅의 강약은 가벼운 시계추 스트로크, 그저 볼을 잘 보내겠다는 퍼팅 기분으로 한다.

하나의 공식을 만들어 보면 '3번 아이언＋1m ＝ 7m, 4번 아이언 ＋1m ＝ 6m, 6번 아이언＋1m ＝ 4m, 8번 아이언＋1m ＝ 2m', 양 끝의 숫자를 합하면 10이 된다. 날린 거리가 2m일 경우에는 구르는 거리를 두 배로 해주면 된다.

똑딱 볼 치듯, 빠른 스윙은 곤란

　그린 주변에서는 80%가 응용문제다. 그 문제를 푸는 데는 순서가 있다. 먼저 볼이 놓인 상태를 보고, 타구거리를 생각하고, 그린에 떨어진 뒤 굴러가야 하는 거리를 계산해야 한다. 그런 후 스윙의 종류(러닝, 피칭, 로브, 피치 앤드 런)를 결정하고 클럽을 선택한다.

　그리고 마음속으로 리허설을 하면서 스윙의 크기와 힘의 강약, 팔로를 결정한다. 스윙에 확신이 서면 스탠스를 잡고 클럽을 타깃에 맞추고 연습 스윙처럼 부드럽게 헤드에 볼을 맞춰주면 된다. 그러면 볼은 홀 컵에 들어가거나(버디), 핀에 한 클럽 이내 붙어 파로 마무리 지을 수 있다. 이 중에서 한두 가지가 빠지면 성공할 확률이 70~80% 떨어지게 된다.

　또 스윙 중 왼손을 꽉 쥐지 않고 오른손으로 조금만 힘 있게 치면 자칫 생크가 난다. 그린 미스(세컨드 샷으로 그린에 오르지 못한 상태)가 나면 볼은 핀에서 약 30야드 떨어진 곳에 있기 때문에 러닝은 어렵다. 그린까지 적당히 날아가서 핀을 향해 굴러가게 하는 방법이 필요하다. 이는 클럽 헤드의 무게를 이용, 좌우측 같은 크기의 스윙만으로 충분하다.

　방법으로는 왼손이 오른쪽 허리벨트에서 다운 스윙을 시작, 오른손이 왼쪽 허리벨트에서 끝나는 정도의 스윙 크기를 갖는다. 이 정도면 힘의 가감 없이도 30야드(15야드 나르고, 15야드 구르는 샷)를 충분히 보낼 수 있다.

　이때 클럽은 볼을 띄우기 위해 샌드 웨지를 선택할 수 있다. 하지만 이

것은 임팩트 직전에 바운스가 바닥에 먼저 닿아 꽤 조작하기 어려운 클럽이다. 따라서 피치 앤드 런의 사용 클럽은 피칭 웨지나 9번 아이언이 좋다.

벙커 샷처럼 오른쪽 팔꿈치를 꺾어 올릴 필요도 없고 빠른 코킹도 필요 없다. 볼은 양발 가운데 놓는 것이 좋다. 다운블로로 볼을 자연스럽게 띄워 보낼 수 있기 때문이다. 생각보다 느리고, 생각보다 큰 스윙을 할 타이밍을 갖자는 것이다.

보통 드라이버와 세컨드 샷은 빠른 스윙으로 하기 때문에 어프로치 역시 빠르게 획획 하게 된다. 이것은 자칫 볼을 직접 찍어 치거나 손목을 사용, 순간적으로 헤드의 과도한 힘이 전달돼 오히려 핀을 20야드 이상 오버하는 경우가 생긴다. 드라이버는 드라이버의 스윙 스피드가 있듯이 짧은 어프로치는 어프로치의 스피드가 있다. 처음 골프를 시작했을 때를 돌이켜보면 '똑딱 볼' 부터 배웠다. 고무티 위에 올려놓고 허리에서 허리까지 툭툭 쳐내던 연습이 바로 성공률 높은 30야드 이내의 어프로치 방법이다.

그린 주변 공략엔 샷 응용력 필요

그린 주변에서는 텍사스 웨지라고도 불리는 퍼터를 사용하여 홀 컵을 공략하기도 한다. 그래서 아마추어를 위해서 '그린 주변에서는 잘된 어프로치 샷보다 못된 퍼트가 더 낫다' 라는 말이 있다.

그러나 실력이 나아질수록 아무래도 퍼터를 사용하기엔 어색하기도 하고 샷의 부족함이 있게 된다. 이때부터 필요하게 되는 웨지의 4종류가 피칭 웨지(50°), 페어웨이 웨지(53° 일명 어프로치 웨지), 샌드 웨지(56°), 로브 웨지(60°) 등이다.

피칭 웨지의 거리는 100야드 정도이다. 페어웨이 웨지는 85야드, 샌드 웨지는 70야드, 로브 웨지는 60야드 정도 나간다. 물론 풀 샷 때의 거리지만 각 클럽에 강약을 더해 샷을 할 경우에는 클럽별로 15야드 정도 오차를 가져 올 수 있다. 즉 페어웨이 웨지를 좀 강하게 치면 피칭 웨지를 그저 편하게 칠 때의 거리와 비슷하게 된다.

일반적인 아이언 샷에서도 이와 비슷한 정도의 거리 차이가 난다. 이것은 홀을 공략할 때 클럽별로 0.5인치씩 짧게 되어 있고, 클럽 헤드가 4°씩 증감되기 때문인데, 이러한 길이와 도수의 합이 클럽별 거리 차이를 만드는 것이다.

만일 7번 아이언으로 볼을 150야드 보내는 골퍼가 143야드 정도의 거리를 보내려면, 7번 아이언의 그립을 8번 아이언의 그립만큼 내려 잡기만 해도(각자의 그립 위치에서 0.5인치) 143야드로 보낼 수 있다.

그러나 60야드 이내의 거리에 있는 깃대의 공략은 기술적인 응용력과 클럽별 사용방법, 스윙의 크기, 힘의 강약, 스윙의 궤도를 잘 익히고 연습해야 한다. 그래야만 롱 홀에서의 버디 기회는 물론 미들 홀과 쇼트 홀에서 파를 잡을 가능성이 높다. 특히 쇼트 게임의 미스는 만회할 길이 없다. 바로 보기나 더블보기 아니면 그 이상의 스코어가 되고 만다.

일반적인 미들 홀에서 퍼트를 포함, 세 번째 샷은 홀 컵 1m 이내에 접근해야만 한다. 1m 이내에 볼을 보내기 위해서는 우선 그린 주변의 위험요소를 철저히 파악해야 한다. 그린의 상태, 경사도, 볼이 떨어질 자리, 현재 볼의 위치와 홀까지의 거리, 중간에 놓인 장애물 벙커, 워터해저드, 그린 방호벽 등에 따라 러닝, 피칭, 피칭 앤드 런, 로브, 엑스트로 로브 샷 등이 필요하게 된다.

로브 샷의 스핀은 허리회전으로

　일주일 정도 열심히 연습하면 아주 유용하게 써먹을 수 있는 샷이 있다. 바로 로브 샷이다. 보통 샌드 웨지로도 할 수 있으나 리딩 에지 부분이 바로 볼의 밑으로 파고 들어가야 하는 로브 샷의 특성상 바닥의 바운스(솔의 둥그스런 형태)가 너무 둥그런 것은 로브 샷에 적당치가 않다.

　자칫 바운스가 먼저 바닥에 닿아서 클럽 헤드가 바로 튀어 올라가 볼의 옆구리를 때리게 되면 모처럼의 찬스에 생각지도 않은 홈런이 나오게 된다.

　높고 바로 멈추게 하는 샷을 구사하는 요령은 우선 백 스윙과 포어(fore) 스윙이 서로 대칭이 되는 모양이 되도록 하는 것이다. 여기에 목을 중심으로 왼팔을 편 상태에서 손목의 코킹과 팔의 롤링, 체중의 이동에 의한 허리회전 등으로 스핀을 만들어 내야 한다.

　우선 작은 샷인 관계로 그립이 오른쪽 무릎을 지난 순간 급하게 헤드가 올라가는 손목의 코킹 모양을 만들어야 한다.

　그리고 임팩트 순간에 헤드 무게가 볼에 전해지도록 언코킹(원래의 어드레스 모양대로 만들어진 모양)과 임팩트 이후 백 스윙의 대칭이 되도록 리코킹을 해주어야 한다. 그래야만 헤드가 볼을 파고들 때 충분한 각도를 갖게 돼 볼은 높게 보내지고, 보다 부드럽게 착지한다.

스핀은 임팩트 전의 힘보다 허리회전으로 휘둘러 내는 힘으로 거는 것이 중요하다. 다운 스윙 때 일부러 스핀을 걸려고 하면 손을 많이 쓰게 돼 순간적인 펀치가 나와 버리게 된다. 띄워 올리는 것 역시 허리회전으로 해야지 손 동작으로만 해서도 안 된다.

또 백 스윙이 작고 피니시가 큰 스윙은 스컬(볼의 윗부분을 가격하는 것) 또는 뒤땅 등의 원인이 되고, 거리 조절 실패의 이유가 된다. 거리는 스윙의 크기로 해야 쉽다.

백 스윙의 크기는 왼팔이 직선으로 펴진 상태에서 그립이 7시 30분을 가리키도록 해서 만든다. 그리고 클럽 헤드가 9시 30분이 되도록 올려서 멈춘 뒤 다운 스윙을 시작, 허리회전과 체중이동으로 클럽 헤드가 볼을 지나 2시 30분이 되도록 반대로 보내주면 로브 웨지(60°)일 경우 35야드 날아가서 바로 서게 되는 멋진 로브 샷이 될 수 있다. 샌드 웨지로 같은 크기의 샷을 해주면 볼이 43야드 정도 날아가게 되고, 피칭 웨지로는 50야드가 날아간다. 그린 주변에서 풀 스윙으로 30야드를 자신 있게 보낼 줄 알아야만 싱글이 되었다고 할 수 있다.

4개의 웨지로 거리 만들기

우스갯소리지만 소주잔에 든 술을 단번에 모두 비우기는 쉬워도 정확히 1/4을 남기면서 마시기는 어렵다. 마찬가지로 아무리 프로라 해도 숙달하기 어려운 것이 75야드 이내의 샷이다.

드라이버의 장타를 자랑하는 우리 골퍼들도 이 거리의 안쪽에 들어오면 쩔쩔매는 경우가 많다. 그래서 요령 있는 골퍼는 웨지로 풀 샷을 할 수 있는 거리를 겨냥한다. 차라리 풀 샷이 편하지 조절 샷은 어렵다는 얘기다. 그래서 고수일수록 웨지 4개를 갖고 다니면서 필요에 따라 유용하게 사용한다.

각기 성능이 다르고 거리가 다르게 나는 웨지들로 자신 있는 거리의 샷을 매번 일정하게 만들어 낼 수 있다. 풀 샷은 물론이거니와 1/4, 1/2, 3/4 스윙을 터득하면 4개의 웨지로 12가지의 확실한 거리를 만들 수 있게 된다.

샌드 웨지를 풀 샷으로 80야드 보내는 골퍼는 스리쿼터 스윙으로 65야드, 하프 스윙으로 50야드, 쿼터 스윙으로 40야드 정도를 날릴 수 있다. 여기에 4가지 웨지를 대입하면 각 클럽의 확실한 거리를 알게 된다.

보통의 풀 샷일 경우 목표 방향으로 어드레스한 뒤 왼쪽 어깨가 턱밑으로 들어가 턱과 어깨 밑에 볼이 있으면 풀 샷의 몸통회전이라고 한다.

이때 클럽 헤드는 거의 목표 방향을 가리킨다.

3/4 스윙은 왼쪽 어깨가 왼발 바로 안쪽에 머물 때 클럽 헤드가 1시 30분 정도를 가리키게 된다.

쇼트 게임의 거리를 맞추는 것을 대개는 손 동작으로만 하려고 한다. 하지만 허리와 오른쪽 무릎의 움직임, 즉 하반신의 동작으로 해야 좋은 샷이 만들어진다. 다시 말해 로브 샷이나 웨지 샷은 하반신으로 하는 샷이다.

어드레스는 조금 좁은 스탠스의 폭, 중앙에 놓인 볼, 약간 내려잡은 그립으로 이뤄진다. 그리고 백 스윙 톱으로부터 오른쪽 무릎을 왼쪽으로 살짝 밀어 넣어 주면서 다운 스윙을 시작하면 올바른 히팅과 컨트롤이 이뤄진다.

그리고 작지만 빠른 허리회전이 만들어진다. 이어 볼의 바로 아래(지면과 맞닿아 있는 곳)에 몸통회전과 팔의 다운으로 조성된 스피드를 갖춘 클럽 헤드의 솔(바닥)이 놓이는 순간 충분한 상승력과 강력한 백 스핀이 만들어진다.

Bunker Shot

Chapter 5

벙커 샷,
자신감의 싸움이다

오른발 뒤꿈치 떼면 안돼

벙커는 주말 골퍼의 베스트 스코어 갈망에 찬물을 끼얹는 '액물' 중 하나다. 따라서 벙커 샷에 대해 3회에 걸쳐 함께 고민하면서 효과적인 대책을 찾아보고자 한다.

타이거 우즈가 100번째 US오픈에서 우승하기까지는 진 사라센이 1931년 발명한 샌드 웨지가 한 몫을 했다. 페블비치의 모래는 고와서 샌드 웨지의 바운스(클럽의 밑에 튀어나온 부분)가 큰 것이 아주 효율적이었다.

국내 골프장도 내륙 쪽은 모래가 굵은 알갱이로 만들어져 있고 해안가 쪽으로 갈수록 약간 고운 모래로 채워져 있다.

우리 골퍼들도 벙커에 익숙치가 않아 볼이 들어가는 것을 싫어하지만 골프장측도 그리 달가워하지 않는다. 왜냐하면 골퍼가 벙커 밖으로 퍼내는 모래의 양이 한 번에 500원 정도의 원가가 들어가기 때문이다. 그냥 '아무데서나 퍼다 넣으면 되겠지' 생각하겠지만 그럴 경우 자칫 병을 유발할 수 있고, 그린이 상하거나 페어웨이가 병해를 입을 수 있어 100℃ 이상에서 구워서 사용하게 되어 있다.

슬라이스 또는 훅성 드라이버 샷은 페어웨이 양쪽에 입을 벌리고 있는 벙커의 '밥'이다. 두세 번 치기, 심지어는 탈출불능으로 이어지기도 한다. 왜냐하면 평소에 벙커 샷 연습을 거의 해본 적이 없기 때문이다.

한 번에 탈출만 해도 열 번에 두세 번은 파로 만회할 수 있다.

우선 페어웨이 벙커 샷의 요령은 쇼트 벙커 샷과는 달리 볼을 먼저 히팅해야 한다. 보통 거리보다 한 클럽 길게 선택해서 양발을 모래 속에 비벼 견고하게 자리 잡는다. 발을 모래 속에 넣은 만큼 그립은 3cm 정도 내려 잡는다.

또 양손은 볼의 앞에 위치시키되 무릎을 너무 굽히지 않도록 한다. 볼은 스탠스의 가운데 있어야 하며, 유리판 위에 서 있다는 기분이어야 한다.

클럽의 어드레스는 볼의 위에 닿지 않게(닿으면 2벌타) 위치시키고, 아주 천천히 테이크 백을 해서 백 스윙을 한다. 다운 스윙은 볼 뒤의 모래를 가볍게 맞힌다는 기분으로 빠르게 쳐주면 된다. 이때 중요한 것은 오른발 뒤꿈치를 떼지 말고 어깨의 회전으로만 쳐주어야 한다. 발뒤꿈치가 볼을 치기 전에 떨어지면 오른발이 모래를 파고 들어가 뒤땅의 원인이 된다.

벙커의 원래 이름은 벙커해저드이다. 워터해저드에 볼이 빠져 치지 못할 상태에선 1벌타를 받는다. 벙커 샷도 1타의 손해를 감수해야 할 정도로 트러블 샷인 것이다.

짚신만 한 자국 나게 '팡' 쳐야

"어! 언니 봤어요? 벙커지. 아이쿠! 또 보기네."

어쩌다 잘 맞은 드라이버가 폴짝폴짝 뛰어서 벙커 속으로 쏙…. 그나마 아이언으로 잘 쳐서 그린으로 보내니, 또 튀면서 그린 벙커로 쏙…. 어떤 날은 한 번 빠지기 시작하면 계속 빠진다.

우선 그린 옆 벙커는 대개 턱이 허리만큼 온다. 그래서 첫째, 클럽 페이스를 오픈시킨다. 클럽 헤드의 리딩 에지를 오픈시켜야 되는데 그 양은 왼발 새끼발가락으로부터 볼의 뒤까지를 잇는 직선에 맞춰줘야 한다.

둘째, 스탠스도 오픈한다. 보통 때 목표 방향에 대한 스탠스(발끝 연장선이 목표를 가리키는 스퀘어 스탠스)보다 왼발을 왼발 뒤꿈치 쪽으로 반 발만큼 빼서 놓는다. 그러면서 왼발가락 쪽을 목표 방향으로 약간 돌리면 타깃으로부터 약 30° 정도 열린 스탠스(양발 끝선이 11시 모양을 한다)가 만들어진다.

셋째, 그립은 클럽 페이스를 열어놓은 다음 잡아주어야 한다. 보통 그립을 잡은 다음 오른손을 돌려 페이스를 오픈시키는 것이 아니고, 클럽을 열어놓고 그립은 보통 때처럼 목표를 향해 있어야 한다.

그래야만 스윙을 하는 동안 클럽 페이스가 계속해서 오픈돼 클럽 헤드의 바운스(솔) 부분이 모래를 먼저 치게 된다. 또 그립은 끝에서부터 최소한 5cm 이상 내려서 잡아야 한다.

넷째, 스탠스를 확고히 한다. 그린 사이드 벙커 샷은 거리보다 확실한 탈출이 요구되므로 하체를 많이 움직여서는 안 된다. 따라서 양발은 가능한 한 비벼서 모래 속에 파묻어야 한다.

다섯째, 클럽이 볼의 1cm 밑 부분을 지나게 한다. 양발이 모래 속에 많이 파묻혀 있으므로 클럽은 자연스럽게 볼의 밑을 파고 들어가겠지만, 볼의 뒤 5cm로부터 볼의 밑 1cm되는 부분을 지나 볼의 앞 20cm까지 모래가 떠질 수 있도록 자신 있게 스윙을 해줘야 한다. 진짜로 짚신만 한 자국이 나야 한다는 것이다. 벙커 샷은 말 그대로, 칠 때 '팡' 소리가 날 정도로 강하게 쳐야 한다.

여섯째, 피칭 거리의 두 배가 벙커의 거리다. 보통 핀까지 20야드 되는 거리라면 벙커 안에서는 모래의 뒤를 치는 대신에 40야드 거리를 쳐줘야만 한다. 모래도 20야드, 볼도 20야드 날아가기 때문이다. 아주 중요한 요령이다.

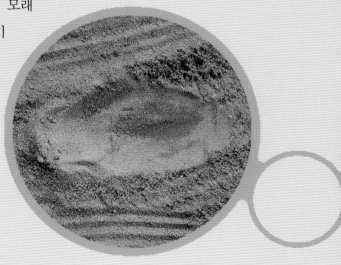

벙커란 첫째가 탈출, 둘째가 그린 온, 셋째가 깃대에 딱 붙이는 것이다. 이 중에서도 깃대에 붙인다는 생각보다 1타를 손해보더라도 정확한 탈출이 먼저다. 뒤땅을 치자.

자신감을 가져야 멋진 샷이 나온다

흙 몇 트럭만 갖다 부으면 깨끗이 없앨 수 있는 벙커인데 꼭 그린 앞에 몇 개씩 파놓아서 스코어를 망치게 한다. 벙커 샷의 실수는 그린에 올리는 데만 신경을 써 체중을 왼쪽으로 옮기지 않고 손으로 볼의 오른쪽을 치기 때문에 나온다.

그러다보니 볼의 뒤를 칠뿐만 아니라, 힘찬 피니시를 해주어야 하는데 나쁜 결과를 두려워한 나머지 팔로 스루마저 없어진다.

양 손바닥 가득 모래를 밖으로 던진다는 기분으로, 클럽 헤드로 떠내서 퍼 올려야 된다. 핀에 가깝다보니 힘을 순간적으로 빼면서 툭 쳐버리기 때문에 두 번 세 번 털석거리게 된다. '홈런'이 나오는 이유는 치는 도중에 몸을 일으켜 세우기 때문이다.

볼을 올리겠다는 마음이 너무 강해 다운 때 이미 몸이 펴져버리는 것이다. 스윙이 끝날 때까지 중심을 낮게 유지해야 한다.

몸으로 클럽을 돌려주어야 강한 폭발력이 생기는데 자신이 없다보니 손목을 롤링시키는 바람에 헤드가 모래 속으로 들어가지 못하고 볼을 직접 쳐버린다.

또 다른 경우는 모래의 폭발력을 계산했지만 왼팔이 굽혀져 헤드가 모래 속으로 들어가지 않고 헤드의 힘이 그대로 볼에 가해지기 때문에 생긴다.

벙커 샷의 요령은 클럽 헤드를 볼 밑으로 빼낸다는 기분으로 그립을 가볍게 쥐는 것이다. 그리고 왼쪽 어깨에 힘이 너무 많이 들어가는 것을 막기 위해 엄지와 검지는 살짝 쥔다. 왼팔은 절대적으로 펴준다. 팔이 굽혀지면 헤드의 힘이 모래의 무게에 저버리기 때문이다. 또 팔 힘이 약하면 안 된다. 체중은 왼쪽에 8, 오른쪽에 2로 배분해야만 헤드에 가해지는 힘이 강해진다. 이때까지 클럽 헤드가 절대로 모래에 닿아서는 안 된다(2벌타 부과). 그런 다음 어깨의 회전으로 백 스윙을 시작한다.

왼팔과 클럽 헤드를 일직선으로 유지하며 오른쪽으로 돌려 오른쪽 팔꿈치가 오른쪽 허리쯤 오면 클럽 헤드를 들어올리기 시작한다. 오른쪽 허리에서 코킹을 완료해 주어야 하기 때문이다.

그런 다음 시선은 볼의 뒤 5cm 정도 되는 곳에 두고 다운 스윙 때 왼쪽 허리를 빠르게 회전시켜야 한다. 뻗은 팔의 힘만으로는 휘둘러 뺄 수가 없다. 빠르게 허리회전을 하여 뻗은 왼팔로 단숨에 휘둘러 빼준다.

'90타 탈출' 문제는 벙커 샷

오랜만에 만난 친구가 있다. 가족 안부보다도 골프 이야기가 먼저 나온다. '핸디가 얼마입니까?', '한 23 정도 됩니다.' 넉살도 좋다. 그저 물어볼 때마다 95타란다. 이 친구는 85타 정도 치는데 말 그대로 고무줄 핸디캡이다. 필자한테 자랑할 때의 핸디캡과 내기할 때 핸디캡이 10타나 차이가 난다. 어느 날 80대 중반을 칠 적엔 드라이버 샷이 페어웨이에 척척 떨어진다. 벙커에도 거의 안 들어가고, 어쩌다 들어가면 정신없이 쳐도 멋지게 그린에 올라간다.

진짜 공칠 맛 나는 날의 핸디캡이 있는가 하면 조그만 내기라도 걸 양이면 '요즘 볼을 안 쳐서 100타는 칠거야' 하는 엄살조의 핸디캡이 있다. 아마 골프 인생에서 가장 재미있고 묘기백출하는 시기가 아닌가 싶다. 이 90대 골퍼가 80대로 내려가지 못하는 데는 단 한 가지 요인이 있다. 바로 그린 주변에서의 벙커 샷을 능숙하게 처리하지 못하기 때문이다.

우스갯소리로 한 친구가 벙커에서 겨우 탈출하고 나오자 반대편 러프에 있던 친구가 만면에 미소를 지으며 손가락을 쫙 펴서는 '5타야', '아니야, 4번은 연습 스윙이고 마지막에 친 거야', '자네는 연습 스윙 때도 화를 내나?'

한 라운드를 하면서 몇 번씩 빠지는 벙커에서 두 번 치기나 세 번 치기, 심지어는 탈출불능으로 얼굴이 확확 달아오르고 씩씩거린 경험들이 있을 것이다. 문제는 평소에 벙커 샷 연습을 해보지 않았다는 데 있다. 벙커는 워터해저드에서 물이 빠져 생긴 모래밭이라고 본다면 원래는 벙커해저드라고 불러야 맞다.

해저드의 의미는 코스 설계상 1타의 벌타를 주겠다는 의미다.

벙커에서의 플레이 요령은 첫째가 탈출이요, 둘째가 그린 온, 셋째는 니어가 되는 것이다. 그냥 핀만 보고 무조건 쳐내려면 90대 탈출은 어렵다. 따라서 벙커 시설이 있는 연습장에서 '한번 탈출요령'을 습득해야 한다.

뭐니뭐니해도 어려운 것은 기술보다 불안감이다. 불안은 과거의 실패에 따른 자신감의 결여이기도 한데 아무튼 멋진 결과를 그려보는 것이 성공적인 벙커 샷의 열쇠이다.

벙커 샷, 볼 뒤를 두 배의 힘으로 쳐라

벙커 샷을 잘하는 사람을 보면 신기하다는 느낌이 들 때가 있다. 노련한 프로들은 경기 중 일부러 그린 주변 러프보다는 벙커로 볼을 날리는 경우가 있다. 벙커 샷이 더 치기가 좋다는 것이다.

1999년 타계한 미국의 전설적 골퍼 진 사라센은 골퍼들에게 큰 선물을 안겨주었다. 샌드 웨지가 그것이다. 그는 1932년 브리티시오픈 우승 때 처음으로 이것을 만들어 사용했다.

당시 그는 9번 아이언 솔(바닥)에다 납을 붙이고 각을 낮춰 샌드 웨지로 사용했다. 비행기 꼬리의 날개 부분을 보고 착상, 리딩 에지보다 뒷부분을 두껍게 해 모래에 닿아도 속으로 파고들지 않고 모래 밖으로 빠져 나갈 수 있도록 고안한 것이다.

보통 그린 주변의 벙커에는 고무래가 몇 개씩 있다. 플레이어의 볼 자국과 발자국을 고르는 데 쓰이는 것이다. 골퍼들은 대개 연습 스윙을 몇 번 한 뒤 바로 벙커로 내려간다. 하지만 성공적인 벙커 샷을 위해서는 고무래를 연습 도구로 활용할 필요가 있다.

먼저 벙커 턱에 고무래를 놓는다. 샌드 웨지를 들고 적당한 크기의 백스윙으로 헤드의 밑 부분이 고무래 자루에 맞도록 몸통을 크게 돌려 "탕탕" 소리가 나도록 쳐준다. 고무래 자루에 맞은 헤드는 반발력으로 아주 빠르게 튀어 올라가게 돼 저절로 벙커 샷, 즉 헤드의 움직임을 느낄 수 있도록 해준다.

　동료들에게 방해가 될 수도 있지만 한두 번 해보면 벙커 샷에 대한 감이 생기게 된다. 이 경우 그날의 벙커 샷은 걱정이 없을 정도다. 그리고 나서 벙커로 내려서 샌드 웨지로 볼의 2cm 정도 뒷부분을 내려 쳐주기만 해도 샌드 웨지가 자연스럽게 피니시 동작으로 이어지면서 볼과 모래를 벙커 밖으로 쳐내게 된다.

　벙커 샷은 타깃까지의 거리를 두 배로 계산해 모래를 히팅하면 정확한 거리를 맞출 수 있다. 즉 벙커 안의 볼과 핀까지의 거리가 10야드일 경우 20야드를 보낼 수 있는 힘과 스윙 크기로 쳐 주면 볼 10야드, 모래 10야드가 날아가게 된다. 그리고 볼은 10야드 떨어져 있는 핀에 정확히 멈춘다.

　볼의 2cm 뒤를 두 배의 힘으로 과감하게 쳐주는 것이 바로 벙커 샷의 요령이다.

벙커 샷, 배짱으로 쳐라

스윙 중 클럽을 잡은 그립의 힘은 일정해야 한다. 볼을 쳐낸다고 해서 부드럽게 잡은 어드레스 때와 임팩트 때 그립의 힘이 변하면 안 된다는 말이다.

시험삼아 어드레스 때 백 스윙, 다운 스윙을 거쳐 임팩트 순간에 스윙을 멈추자. 그리고 그립을 잡은 손의 힘을 느껴보자. 처음과 차이가 많이 날수록 하이 핸디캡 골퍼다. 14개의 클럽 중 가장 부드럽게 잡아야 하는 것이 드라이버요, 보다 강하게 잡아야 하는 것이 퍼터다. 짧은 클럽일수록 보다 강하게 쥐어야 한다.

벙커에서의 그립은 강하게 쥐는 것이 좋다. 물에 젖어 있거나 조금이라도 딱딱한 모래에서는 바로 클럽이 튀어 오르기 때문이다. 행여 나가지 못할까 두려워 백 스윙을 하자마자, 손과 팔로만 내리 찍어서는 클럽만 털썩거리고 볼은 탈출조차 못하게 되기 때문이다. 그리고 왼팔은 곧게 뻗어 주어야만 충분하게 볼의 뒤를 쳐줄 수 있고 충분한 몸통회전으로 모래의 폭발력도 더 높아지게 된다.

또 평상시 스탠스보다는 약간 넓게 벌린다. 벙커 턱 탈출에 필요한 만큼 볼을 높이 올려주기 위해서는 무릎을 조금 더 굽혀 자세를 충분히 낮춰야 한다. 높은 볼을 치기 위해서는 왼발 앞에 볼을 놓은 뒤 헤드를 옆으로 돌리지 말고 업라이트 스윙으로 들어 올린다. 그리고 왼쪽 허리를 빠르게 돌려주면서 왼쪽 몸통에 체중을 싣는다.

특히 스윙 중 팔꿈치를 굽혀 치게 되면 필요 이상으로 클럽 헤드가 모래 속으로 파고들어 미스 샷의 원인이 된다. 18홀 라운드 동안 한 번도 벙커에 들어가지 않는 날이 있다. 그런 날은 괜히 벙커 샷 감각을 잃어버릴까 봐 그린 옆 벙커에 들어가서 연습이라도 해보고 싶은 심정이 된다.

하나의 작은 벙커 속에는 골프장이 다 들어있다고 한다. 둥그런 벙커 안의 앞쪽은 내리막, 그린 쪽은 오르막, 왼쪽·오른쪽은 경사, 가운데는 반쯤 박히거나 아주 파묻혀버리는 트러블 샷이 있기 때문이다.

아무튼 벙커에서 탈출하기도 어려운데 핀에 붙인다는 것은 많은 연습이 없는 아마추어로서는 어려울 수밖에 없다. 그저 자신 있게 스윙을 해주는 것이 벙커 탈출 심리학의 제1조다.

벙커 샷 스윙, 왼팔 곧게 펴야

플레이 도중 벙커 샷이 잘되면 뿌듯함을 느낀다. 사실 벙커 샷의 원리는 같지만 스타일은 튀긴다, 깎는다, 뒤에 집어넣는다, 크게 빼준다 등등 다양하다. 그러나 이런 저런 모양의 스윙도 기본에 충실해야 성공적인 벙커 샷으로 연결될 수 있다. 기본이란 스윙 내내 왼팔은 곧게 펴져 있어야 한다는 것이다.

자칫 팔을 올리는 것에만 신경을 쓴 나머지 체중을 왼쪽으로 옮기지 않고 손만으로 성급하게 쳐버리면 자연스러운 팔로 스루를 할 수 없다.

또 순간적으로 모래 무게에 대한 고려 없이 어프로치만 생각해 타깃과의 거리를 잘못 계산하는 우를 범할 수 있다. 그 때문에 미스 샷이 나온다.

이른바 홈런이라고 하는 미스 샷은 스윙 때 자신도 모르게 일어서기 때문에 발생한다. 볼을 높이 올리려는 의욕이 앞서다 보니 임팩트 전에 왼쪽 무릎이 펴져 상체가 들린다.

오른손을 너무 많이 사용하면 헤드가 볼의 뒤 모래 속으로 들어가기 전에 손목이 돌아가서 클럽 헤드가 급하게 올라가게 된다. 이럴 경우 헤드는 볼의 중간지점을 직접 때리게 된다.

임팩트 이후에 꼭 오른발을 떼는 것도 중요하다. 벙커 샷은 발이 많이 움직이면 거의 대부분 빗나간다. 성공적인 벙커 샷은 발을 모래에 견고하게 딛고, 그립은 약간 강하게 하고, 왼팔을 곧게 편 상태로, 몸통의 회전에 따른 클럽의 원심력으로 쳐야 가능하다.

　요즘 뛰어난 벙커 플레이어는 손보다 몸통회전으로 만들어지는 팔 동작을 강조한다. 손 동작만으로는 100％ 실수를 하기 마련이다.

　가장 극복하기 어려운 것은 기술이 아니라 심리적 불안이라는 말이 있다. 과거 여러 차례 실수한 경험이 있으면 샷을 할 때 긴장하게 마련이다. 근육이 팽팽해지고 근섬유가 수축함에 따라 작은 백 스윙과 강하게 손목으로만 치는 미스 샷이 나올 수밖에 없다.

　벙커 샷의 달인 게리 플레이어는 하루 8시간씩 벙커 샷 연습을 했다고 한다. 그는 "발을 먼저 모래에 파 묻고, 스탠스를 약간 오픈한다. 손목을 조금 내리고 클럽 페이스를 열어 스윙하면서 커트한다"고 비결을 말한 적이 있다. 벙커 샷을 할 때마다 꼭 염두에 두어야 할 조언이다.

Trouble Shot

Chapter 6

트러블 샷,
잘 될 수 있다

낮게 치려면 우측에,
높게 치려면 좌측에 볼을 놔라

골프에 있어서 볼이 나뭇잎 3장만 맞히면 10야드가 줄어들고 철사줄만한 가지라도 맞히면 방향이 바뀐다. 골프를 하다 보면 어찌 항상 페어웨이만 갈 수 있겠는가.

그럴 때 나무라도 만나면 넘겨야 될지, 그냥 쳐도 되는지, 또는 나뭇가지 밑으로 쳐야 되는지, 모든 것은 플레이어가 결정할 일이지만 조금만 연습하면 원하는 만큼 멋진 샷을 만들어낼 수 있다.

세계 최고의 아니카 소렌스탐이 보여주는 기술은 참 그녀가 많은 것을 알고 있고 샷을 만들어 친다는 것을 보여주었다. 아이언으로 낮게 치고, 보통으로 쳐주고, 높게 쳐서 바람을 태워주는 기술 샷은 배워 볼 만하다.

7번 아이언으로 우선 낮게 치고 싶을 때는 보통 때의 볼의 위치에서 볼 1개 정도 우측에 놓는다. 그리고 체중은 왼발에 깊이 실리도록 해주고 머리의 위치는 오른쪽 뺨 밑에 볼이 오도록 해준다. 그리고는 약간 업라이트 스윙으로 임팩트를 해주면서 헤드를 낮게, 또 길게 밀어준다. 그러면 7번 아이언이 6번 정도의 거리를 가게 되고 탄도는 낮게 되어 멋지게 핀을 향해 날아가게 된다.

그리고 보통의 탄도는 양발에 균등한 체중을 올려놓고 코가 볼을 누르고 있는듯한 모양의 머리 위치를 잡아주고 스윙을 해주면 된다. 그런데

7번 거리이고 8번 아이언으로 띄우면 짧을 듯할 때에는 볼의 위치를 조금 왼쪽으로 보내주고(볼 1개, 더 높은 탄도가 필요할 때는 2개 정도) 체중은 오른발에 많이 실어서 어퍼 스윙이 될 수 있도록 해준다.

그런 다음 머리는 왼뺨 앞에 볼이 놓일 수 있도록 우측으로 옮겨주면서 스윙과 피니시를 해주면 높은 탄도에 충분한 거리를 얻을 수 있게 된다.

비단 7번 아이언에 국한되는 스윙이 아니라 뒷바람과 앞바람이 불 때 드라이버 스윙에도 적용될 수 있는 타법이기도 하다.

연습장에서 연습하는 방법으로는 탄도가 낮은 볼을 치고 싶을 때에는 매트의 우측 끝에 놓고 치고 높은 볼을 치고 싶을 때에는 매트의 좌측 끝에 놓고 치는 연습을 하면 아주 좋은 하이볼과 로우볼을 만들어낼 수 있게 된다. 여기에 드로우와 페이드 샷을 만드는 기술만 익히면 페어웨이에서 꺼릴 것이 없게 된다.

오르막에선 클럽 길게 잡아야

이젠 중견 골프 작가가 된 여성이 머리를 얹고 난 뒤 한 마디 했다.

"나는 아주 잘하는 줄 알았어요. 주변에서도 이제 시작한 것이 너무 아깝다고 했었고, 내 스스로도 아주 자신만만했구요. 그런데 오늘 막상 필드에 서보니 평평한 곳이라고는 한 군데도 없고, 볼은 오르막 내리막에 걸쳐 있어 한 번도 제대로 쳐보지 못했어요."

골프장이란 먼 발치에서 보면 한가롭고 평탄해 보인다. 그러나 막상 가보면 언덕, 물, 모래, 뿌리 깊은 풀, 나무들이 산재해 있어 제대로 된 스윙을 하기가 쉽지 않다.

라운드 중 볼이 오르막 경사에 있을 때, 피칭 웨지를 놓아보면 경사의 정도에 따라 거의 로브 웨지 수준의 로프트로 변해버리기 때문에 그대로 샷을 하면 턱없이 짧다. 그래서 거리에 맞는 로프트의 클럽 선택이 중요한 데 일반적으로 두 클럽 정도 더 잡아주는 것이 좋다. 20야드 정도는 더 나갈 것이다. 클럽당 길이가 반 인치씩 차이가 나므로 1인치를 내려 잡아야 평지에서 피칭 웨지 샷을 하는 정도의 거리가 나게 된다. 이와 같이 오르막 라이에 맞게 거리 조절을 해주어야 한다.

또 9번 아이언으로 치고 싶을 때는 8번 아이언으로 바꾸어 잡는 것이 제1조이고, 경사에 맞춰 클럽 헤드가 피니시될 수 있도록 임팩트 이후에 헤드를 목표 방향으로 충분히 보내주어야 하는 것이 제2조이다.

보통의 경우 백 스윙의 톱에서 클럽 헤드로 볼을 찍어 볼만 튕겨 올려 보내고 클럽 헤드는 땅에 박히는 손치기를 많이 한다. 제 3조는 발 안쪽에 체중을 옮겨놓고 양 무릎은 경사에 맞도록 굽혀주어야 한다.

만약에 오른쪽 무릎을 펴고 왼쪽 무릎만 굽힌 모양이 되면 손 치기와 헤드의 찍힘 현상이 나오게 된다. 허리 역시 경사에 따라 왼쪽을 높이면 자연스럽게 평지의 샷처럼 된다. 그립을 조금 내려 잡고 왼팔의 리드로 백 스윙을 하되 가능하면 체중의 밸런스가 무너지지 않게 스리 쿼터 스윙을 하는 것이 좋다.

오른발의 체중이 완전히 왼발로 옮겨 가도록 경사도에 따라 몸이 산 위쪽으로 올라가 주어야 한다. 자칫 오른발의 체중이 그대로 남아 있으면 손 치기의 원인이 되어 뒤땅이나 토핑이 발생하여 애써 준비한 것이 허사가 되고 만다. 생각보다 조금은 크게 치고 부드럽게 팔로 스루를 업라이트하게 해주면 멋진 오르막 경사의 샷이 된다.

내리막에선 왼발을 경사와 직각이 되게

스윙 중 체중이동이 중요하다. 백 스윙에서는 오른발 안쪽에 체중의 70% 정도, 왼발에 나머지 30%를 실어준다. 다운과 임팩트, 피니시 때는 그 반대로 움직여야 체중을 이용한 스윙이 된다. 그래야 스윙을 보다 빠르게 할 수 있어 충분한 거리가 나온다.

스윙 중 체중의 안배는 정말 중요하다. 특히 트러블 샷, 거의 경사지에서의 샷은 어드레스 때 체중을 어떻게 안배하느냐에 따라 성패가 달렸다 해도 과언이 아니다.

사이드 다운, 즉 그린을 향해 내리막 경사에 볼이 놓이면 어드레스 자체가 평지보다 훨씬 불편해진다. 이때 볼을 맞히는 클럽 헤드가 땅에 박히거나 토핑이 나지 않게 하려면 경사에 따라 자세를 잡아주는 게 필요하다.

물론 트러블 샷인 만큼 스리 쿼터 스윙을 한다고 생각하면 무리가 없다. 발 안쪽에 힘을 주고 가능하면 엄지발가락 안쪽부터 발뒤꿈치까지를 경사에 직각이 되게 단단히 고정시켜야 한다. 왼발 전체를 바닥에 닿게 놓으면 자칫 다운 스윙 중 체중이 왼발 바깥쪽으로 빠르게 이동돼 스윙 전에 균형이 무너지는 경우가 있다.

그리고 오른쪽 무릎을 왼쪽 무릎 쪽으로 집어넣어 바닥과 양 무릎의 경사가 같게 만들어 주어야 한다. 그래야 일단의 경사를 평지화할 수 있

어 스윙 때 헤드가 땅에 박히지 않고 피니시를 할 수 있다. 스탠스는 약간 오픈을 취하되 볼의 위치를 경사 위쪽으로 볼 1개 정도의 거리만큼 오른발 쪽에 놓는다.

8번 아이언으로 치고 싶을 때는 9번 아이언으로 바꿔 잡아 경사에 따른 로프트를 상쇄시켜야 한다. 즉 오르막 경사의 샷과는 반대가 된다. 위에서 아래로 쳐내는 샷이다 보니 구르는 것을 생각해 타깃보다 조금은 짧은 듯이 쳐주어야 한다. 볼을 떠올리려고 하지 말고 처음부터 런을 계산해 굴리도록 한다.

특히 이 샷은 경사에 따라 내려쳐야 하는데 어드레스 이후에 클럽 헤드를 볼의 앞쪽 10cm 정도 되는 곳에 놓게 되면 상체, 특히 등이 많이 숙여지게 되는 것을 느끼게 된다. 이 자세가 볼을 치고 난 이후 경사에 따라 헤드를 밀어 줄 때의 자세라고 생각하면서 임팩트와 피니시를 해주면 내리막 라이쯤은 문제없다.

오르막 샷 볼은 목표 방향 우측으로

"서비스 롱 홀이에요!" 라운드마다 한 번쯤은 듣게 되는 캐디 아가씨의 콧소리다. 보통의 파 5라면 2온 욕심을 내지 않게 되지만 이 말만 들으면 티 박스에서 깃대부터 찾게 된다. 그러나 어깨에 잔뜩 힘이 들어가고 드라이버를 꽉 쥐게 되면 실패하기 십상이다.

설령 티 샷을 멋지게 성공시켜도 세컨드 샷을 그린을 향해 조금 오버 페이스로 힘주어 날리다 보면 뒤땅 또는 토핑의 실수를 저지르게 된다. 가슴을 치며 후회해도 소용없다.

또 빗맞은 공은 영락없이 오른쪽, 왼쪽 산비탈로 날아가 러프에 처박힌다. 이때 서드 샷을 그린에 올려놓으면 그나마 세컨드 샷의 미스를 만회하면서 버디 찬스도 만들어 낼 수 있다.

그린에서 60~90야드 거리의 비탈진 지역에서 날리는 샷을 치는 요령을 숙달해 놓으면 아주 유용하다.

우선 목표를 향해 오픈 스탠스를 취한다. 클럽은 약간 짧게 내려 잡고 업라이트 스윙으로 백 스윙을 해주되 보통보다 빠르지 않게 해야 한다. 발뒤꿈치에 실리기 쉬운 체중은 무릎을 조금 더 구부려 발가락끝 쪽에 실어준다.

볼은 약간 우측에 놓아 임팩트 이후 급격히 클럽 헤드가 왼쪽으로 감겨지지 않도록 해주어야 한다. 스탠스는 조금 좁혀서 온 몸을 움직이는 큰 스윙을 하지 못하게 하고 상반신 특히 양 어깨만을 움직여 피치 샷하는 방식으로 치면 된다.

또 보통의 작은 샷이다 보니 거리를 얕보아서 손 치기를 하기 쉬운데 만일 다운 스윙 중 체중이 왼발 바깥쪽으로 이동하게 되면 균형을 잃게 되어 잘 맞아도 왼쪽으로 어이없이 날아가 벙커에 빠지기 쉽다.

볼에서 너무 가깝게 서지 말고 여러 번의 연습 스윙으로 클럽 헤드가 목표 방향으로 가능하면 길게 움직여 갈 수 있도록 해야만 정확한 방향으로 볼을 보낼 수 있다.

특히 스윙 도중 머리의 높이가 변하지 않도록 해야 정확한 히팅이 가능하다. 체중이 앞뒤로 쏠리게 되면 생크가 발생할 수 있고 상하로 머리가 움직이면 몸이 일어서게 돼 미스 샷의 원인이 된다. 아무튼 볼이 발끝보다 위에 있는 오르막 샷은 드로나 훅이 자연적으로 발생할 수 있어 초·중급자는 목표 방향 우측에 볼을 떨어뜨리는 것도 하나의 요령이다.

사이드 다운, 스윙 중 균형유지 중요

'사이드 다운'이란 발의 위치보다 볼이 왼쪽으로 아래에 있을 때 일컫는 말이다. 스윙하기가 발끝 오르막의 경우보다 여간 어렵지 않다. 특히 스윙 중에 체중의 이동이 앞뒤로 조금만 움직여도 볼을 정확히 맞히기가 어렵다. 발끝 오르막 때보다 더 많은 주의가 요구된다.

드라이버 샷에 거리가 붙고 드로 볼을 치게 되면 생각지도 않은 세컨드 샷에 시달리게 된다. 이때가 바로 사이드 다운이다. 성공적인 샷을 하려면 클로즈드 스탠스로 서고 체중이 발뒤꿈치에 실리도록 무릎을 굽혀 엉덩이를 발뒤꿈치로 내려주어야 한다.

보통 때의 어드레스처럼 허리를 굽혀 클럽 헤드를 볼 뒤로 내려놓으면 절대로 안 된다. 상체의 각도가 변하지 않도록 무릎을 많이 굽히는 한이 있더라도 무릎의 굽힘 정도를 통해 클럽 헤드가 볼 뒤에 내려지도록 해야만 한다.

상체를 숙이면 백 스윙 때 클럽

헤드와 팔이 등 쪽으로 움직인다. 반대로 상체의 가슴 쪽은 경사의 면으로 내려간다. 이는 임팩트 때 클럽 헤드가 깨끗하게 맞지 않을 뿐더러 자칫 생크를 유발하는 요인이 된다.

일단 무릎을 굽혀서 클럽 헤드를 볼 뒤에 위치시키면 경사에 구애받지 말고 헤드를 바닥에 닿지 않게 조금 뜬 상태로 들고 있다가 백 스윙과 임팩트를 해주어야 한다.

정확한 임팩트가 되도록 신경을 집중해야 거리와 방향을 얻을 수 있다. 한 클럽 정도 길게 잡고 스리 쿼터 스윙을 풀 샷이라 생각하고 쳐야 한다. 그리고 그린에 떨어진 볼은 쉽게 멈추지 않는다. 충분한 런을 계산해서 떨어질 자리를 선택하는 것이 발끝 내리막 경사의 성공적인 샷이다.

내리막, 오르막, 사이드 다운, 사이드 업 등의 트러블에서는 스윙 중 균형유지가 아주 중요하며 한 번 정해진 무릎의 높이는 피니시 때까지 절대로 변하지 않아야 된다.

왼팔의 긴장을 풀지 말고 상체의 회전만으로 평상시 풀 샷의 3/4 정도로 스윙을 해주되 한 클럽 정도 길게 잡고 치면 된다.

이제 싱글의 길이 멀지 않았다. 그린 가까이 갈수록 무리하지 말고 피할 곳은 피하고 공격할 때는 공격하는 여유있는 마음으로 즐기자.

왼쪽 어깨, 넘기려는 나무 위 끝에

골퍼에게 '힘 빼기 3년'이라는 말이 있듯이 골프장도 만든 지 3년이 지나야 나무 잔디 등이 자리를 잡아 면모를 갖추게 된다고 한다. 워터해저드, 벙커, 러프, OB…. 여기에 코스 설계자의 의도대로 생각하면서 플레이할 수 있도록 몇 가지 양념격인 그린 주변의 트러블들이 자리 잡게 된다.

우리는 거의 바닥의 경사를 트러블이라고 하지만 볼의 비구선 역시 트러블에 해당한다. 어쩌다 잘못 친 세컨드 샷은 그린 좌우 쪽의 약간 깊은 러프 속으로 들어가곤 한다.

대개 그린 주변에는 사람 키의 두 배 정도 되는 고만 고만한 나무들이 있어 샷을 방해하기도 한다. 나무들은 강한 바람을 막아 그린을 보호해 주기도 하지만 우리 골퍼들에게는 무척 괴로운 것이다. 그래서 나무 위로 넘기자니 힘들고 대충 쳐버리는 경우가 있다.

이럴 경우 아놀드 파머의 한 마디를 기억하자. "왼쪽 어깨를 넘기고자 하는 나무 위쪽 끝에 맞도록 들어 올려서 어드레스를 한 뒤 자신 있게 쳐주면 된다" 쳐올려 넘기는 샷을 가장 간단하게 설명한 말이다.

여기에다 볼은 왼발 뒤꿈치 앞 정도에 위치시키고, 피칭 샷 때보다 오픈 스탠스를 취하면서(오른발 안쪽은 목표선상과 직각이 되어야 한다) 클럽 페이스를 약간 열어놓은 상태로 그립을 잡아야 좋은 어드레스가 된다.

백 스윙은 내려치기 좋게 업라이트로 해야 한다.

여기서 골프 법칙 하나. 볼의 탄도는 입사각과 반사각이 같다. 즉 드라이버는 낮고 길게 빼서 역시 낮고 길게 밀어주면 큰 아크를 그리게 돼 거리가 난다. 그러나 위험지역을 넘어 목표 주변에 뚝 떨어진 뒤 바로 멈추는 샷은 가파르게 백 스윙하고 임팩트 이후에는 빠르게 피니시 돼야 한다.

특히 이 샷은 손 치기는 금물이며 백 스윙의 톱이 만들어진 것을 왼쪽 허리와 어깨를 돌려서 클럽을 끌어내려야 한다.

또 백 스윙 톱 때 오른쪽으로 옮겨진 체중은 거의 그대로 오른쪽에 둔 채 허리 이상의 상체를 왼쪽 주도로 돌려주면 확실하게 나무를 넘길 수 있다. 이때에도 역시 헤드 업에 주의해야 클럽 헤드가 정확히 볼 밑으로 들어가 헤드가 볼을 데리고 올라갈 수 있다.

러프 깊으면 샌드 웨지 사용을

'에라, 어떻게 되겠지!' 플레이를 하다보면 영 자신 없는 상황에 놓이게 되는 때가 종종 있다. 특히 연습해보지 않은 곳에서의 샷은 두 번 세 번 쳐도 탈출하기가 어려운 경우가 있다. 대개 미스 샷의 원인은 충분한 상황판단이 되지 않아 볼을 쳐내는 타이밍이 좋지 않기 때문이다.

또 불안한 기분이 들어 결과를 빨리 보고 싶은 생각에 스윙이 빨라져 충분한 히팅을 하지 못하는 데도 원인이 있다. 나뭇잎 3장만 스쳐도 방향이 바뀌고 나뭇가지 하나라도 맞으면 거리가 10야드 이상 줄어든다.

어쩔 수 없이 나무 사이를 통과하는 낮은 샷을 해야할 경우 러닝 어프로치가 요령이 된다. 그나마 볼이 깊지 않은 러프에 놓여있다면 미들 아이언 정도로 편안히 쓸어내도 좋겠지만, 러프가 깊으면 헤드가 무거운 샌드 웨지나 피칭 웨지를 사용하는 것이 좋다.

볼은 오른발의 오른쪽 바깥에 놓은 뒤 6번 아이언 정도의 로프트를 되도록 엎어놓고 비교적 강하게 쳐주면 웬만한 잔디의 저항에도 헤쳐 나갈 수 있다.

임팩트 때는 양손이 클럽 헤드보다 충분하게 핸드 퍼스트가 되도록 한다. 또한 백 스윙은 클럽 헤드가 뒤로 빠져나가지 않게 바로 업라이트로 올려서 쳐내야만 탈출에 성공할 수 있다. 물론 볼을 쳐낸 다음 피니시에는 신경을 쓰지 않아도 된다. 그저 마무리가 자연스러우면 된다.

나뭇가지가 백 스윙을 방해할 때는 스탠스를 넓게 잡고 자세를 낮추어 몸이 충분히 고정되도록 한다. 그리고 볼을 때릴 곳(볼 전체를 보는 것이 아님)을 힘주어 보면서 손목의 힘으로 스냅을 사용해 손 치기를 한다. 역시 피니시에 신경 쓸 필요가 없다. 탈출이 우선이고, 온 그린은 그 다음이기 때문이다.

　팔로 스루를 전혀 할 수 없는, 즉 찍어내야 될 상황에서는 백 스윙 때 하체를 충분히 고정시켜 놓고 양팔을 몸통에 밀착시킨 다음 허리를 돌려 볼을 맞힌다.

　팔로 스루도 허리로 양팔을 정지시켜 허리의 힘으로 볼을 맞혀야 탈출에 성공할 수 있다. 볼을 자신 있게 맞힐 수 있을 때까지 충분히 연습 스윙을 한 다음 차분하게 대처하면 성공적인 샷을 만들 수 있다. 트러블 샷에서도 머리를 고정시키지 않으면 토핑이 된다.

잔디 위에 떠있는 볼은 위로 쳐내야

파란 하늘에 뜨거운 태양, 쏟아지는 땀방울, 잘 맞은 드라이버 샷, 저 멀리 페어웨이 한 가운데 흰 점 하나, 그리고 탱탱하게 물이 올라 볼을 치기 좋게 받쳐들고 있는 잔디, 이쯤되면 골프가 절로 신이 난다.

제 멋에 겨워 정신을 팔다보면 실수는 있는 법. 어쩌다 페어웨이를 벗어나는 샷을 하게 되면 영락없이 발목까지 빠지는 러프 속으로 들어간다. 페어웨이는 무벌타, 러프는 0.5벌타, 벙커는 1벌타를 받은 것과 다름 없다는 의미로 설계자들은 골프 코스를 만들었다고 한다.

실제로 벙커가 많거나 러프가 긴 골프장은 스코어가 몇 타씩 더 나온다. 그러나 실수를 야기하는 러프도 몇 가지 요령만 익히면 쉽게 정복할 수가 있다. 우선 볼이 놓여 있는 상태에 따라 샷의 유형이 결정된다. 긴 잔디 위에 중간쯤 떠 있는 볼은 절대로 내려치지 말아야 한다.

우선 거리에 따라 선택된 클럽의 그립을 잔디의 저항에 견딜 수 있게 견고하게 잡아야 한다. 그리고 어드레스 때 볼의 뒤에 클럽 헤드를 바짝 들이대면 자칫 볼이 움직이거나 바닥으로 가라앉게 된다.

스윙 요령은 오르막 라이에 있는 볼을 쳐낼 때처럼 조금은 뒤에서 위로 쳐내는 것이다. 즉 천천히 백 스윙을 해 준 다음 왼쪽 허리의 회전과 함께 몸통을 돌려 클럽 헤드가 볼을 친 다음에도 러프에 밀리지 않도록 크게 휘둘러 돌아가도록 해야 한다.

조금이라도 급하게 파내려고 팔만을 사용하여 위에서 아래로 치면 클럽 헤드만 볼의 밑으로 빠져나가게 된다. 그리고 볼이 직접 바닥에 닿아 있지 않아 심하게 구르게 된다. 볼이 지면과 접해 있을 경우 생기는 백 스핀이 없기 때문이다.

때문에 구르는 것을 계산해 그린 입구쯤에 볼을 떨어뜨려야 부드러운 러닝으로 그린에 안착할 수 있다. 자칫 핀까지 겨냥하게 되면 영락없이 그린을 넘겨 보기로 이어질 수 있다. 공중에 떠있는 볼을 쳐내는 것이므로 볼을 끝까지 주시하고 클럽 헤드에 정확하게 맞도록 몇 번의 연습 스윙 후에 자신 있게 샷을 해야 한다.

Grip

Chapter 7

그립은 골프의
모든 것을 좌우한다

왼손 힘 일정하게 유지해야

'운동신경이 없어 골프가 잘 안돼.' 일반적으로 운동신경은 자신에게 가해지는 물체에 대해 반사적으로 움직이는 동작이다. 그러나 골프는 클럽을 가지고 정지된 볼을 날려 보내는 운동이어서 운동신경과 무관하다. 운동신경이 둔해 골프가 늘지 않는다고 하는 것은 108가지 핑계 중 하나에 불과하다.

볼을 잘 치는 것은 우선 클럽 헤드가 목표 방향으로 놓여진 상태에서 클럽과 우리 몸을 연결해 주는 그립을 얼마나 정확하게 잡아주느냐에 따라 좌우된다.

프로골프협회에서 나온 티칭 매뉴얼에는 '골퍼가 처음부터 부정확하게 그립을 배울 경우 나중에 그립을 바꿀 수는 있으나 자연스럽게 새로운 그립에 적응하기까지는 생각보다 훨씬 더 많은 시간이 걸린다. 또 스트레스를 받게 되는 경우, 이전 그립핑으로 돌아가고 싶은 충동을 느낀다. 좋은 그립을 만드는 데에는 다소 불편하거나 연습이 필요하다 하더라도 그 가치가 충분하다'고 적혀 있다.

좋은 그립이란 어떤 그립인가? 힘(Power), 그립의 위치(Place), 그립의 방향(Position), 정밀도(Precision) 등 4P가 조화를 이뤄야 한다.

힘은 왼손으로 그립을 쥐는 세기를 말한다. 왼손 새끼손가락을 손톱 끝이 하얗게 될 정도 강하게 쥐고 엄지손가락으로 옮겨가면서 힘을 빼고 쥐어본다.

　최대한 힘을 주어 세게 쥐어 본 다음 힘을 빼고 숨을 최대한 내쉰 뒤 살짝 잡아 본다. 이 두 가지의 중간상태가 왼손 그립의 힘, 악력이다. 단 어드레스에서부터 피니시까지 왼손의 힘이 변하지 않아야 한다.

　오른손은 주로 '해리 바든 그립' 을 하게 된다. 오른손 새끼손가락이 왼손 검지의 위에 올려지게 되므로 오른손 힘이 약하게 되어 스윙 중 과도한 오른손 치기가 없어지게 된다. 그러나 사람들 대부분은 평소 오른손을 사용하다 보니 왼손을 사용하지 못하고 억지로 오른손으로 볼을 때려 보내게 된다.

　그래서 양 손바닥에 굳은살의 상태를 보고 핸디캡을 알 수 있다고 할 정도이다. 왼손보다 오른손에 굳은살이 많으면 싱글의 경지에 들어가기 어렵다고 한다. 그립의 힘은 스윙할 때 왼손 새끼손가락이 10의 힘이라면 오른손 엄지손가락은 1의 힘으로 내려오면서 약하게 잡아주어야 한다.

　한 가지 요령을 알아보면 클럽을 비오는 날 우산대처럼 왼손으로 들고 서서히 오른쪽으로 헤드를 기울인다. 약 45° 정도 기울어 졌을 때 그립의 강도가 가장 적당하다.

새끼손가락은 그립과 밀착

　구력이 10년 넘은 골퍼가 그립 잡는 연습을 하면서 중얼거리니까 부인이 '아니 여태 채 하나 못 잡고 주물럭거리고 있수' 라며 혀를 찬다.

　벤 호간은 사소한 것들에 시간을 허비하기보다 좋은 그립을 위해 노력해야 한다고 했다. 클럽의 어디를 어떻게 잡아야 하는가.

　우선 왼손은 편안히 펴진 상태에서 검지의 첫째 마디와 손바닥의 수도 부분(손목부터 새끼손가락 첫 관절 부분) 중간에 클럽의 옆 부분이 닿도록 45° 정도 대어 준다. 그러면서 새끼손가락부터 서서히 말아준다.

　이는 손바닥 '팜 그립'과 손가락 '핑거 그립'의 혼합형태이다. 파워와 방향을 동시에 만족시켜 주는 그립으로 손목의 힘을 빼주고 갑작스런 롤링을 방지해 주는 방법이다.

　이때 그립의 끝이 왼쪽 손목에 오도록 쥐어주면 새끼손가락은 그립 끝으로부터 2cm 정도 밑에 잡히게 된다. 어떤 골퍼들은 그립 끝에 새끼손가락이 오도록 잡기도 하는데 방향성이 좋지 않다. 2cm보다 밑으로 내려잡으면 충분한 거리를 얻지 못하게 되므로 손해를 보게 된다.

　그립을 제대로 쥐면 손바닥 가운데가 약간 비어 있는 듯한 느낌이 든다. 클럽이 손바닥에 밀착되지 않으면 마음이 놓이질 않아 꽉 쥐게 되는데 과도한 힘을 넣어 훅의 원인이 되기도 한다.

　또 왼손 엄지손가락은 샤프트의 중앙, 엄지손가락의 끝은 클럽의 넥

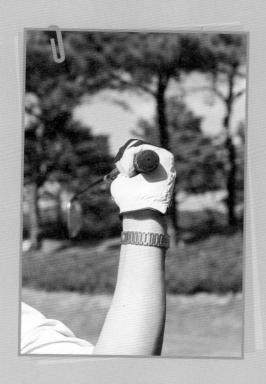

부분을 가리켜야 한다. 이것은 그립을 클럽에 대하여 스퀘어(직각)로 잡았다는 얘기가 되고 목표 방향을 향해 직각으로 설 수 있는 조건이 된다. 왼손 엄지손가락의 모양에 따라 롱 섬(Long thumb, 엄지를 쭉 빼서 잡는 모양)과 쇼트 섬(Short thumb, 엄지를 바짝 당겨 잡는 모양)이 있다.

롱 섬은 힘주어 잡기 어렵기 때문에 거리보다 방향성이 좋게 되고, 쇼트 섬은 힘주어 누를 수 있어 거리를 내준다. 두 가지를 섞은 미들 섬 형태는 미들 아이언에서 쇼트 아이언까지 거리보다 방향을 중시할 때 잡는 방법으로 아주 좋다.

그러나 무엇보다 왼손 그립 방법에서 가장 중요한 것은 새끼손가락의 일부분이라도 그립에서 떨어져 있으면 무조건 안 된다는 것이다. 클럽의 맨 끝 부분과 우리 몸이 제일 먼저 닿는 부분이므로 정확하게 밀착되어야 한다.

초보자는 스트롱 · 스퀘어 그립 절충을

타이거 우즈의 스승인 부치 하먼은 거리에 치중해온 우즈의 드라이버 페어웨이 적중률을 높이기 위해 왼손 그립을 약간 왼쪽으로 돌려주었다. 잠시 동안 슬럼프에 빠진 듯 보였지만 확실히 잡힌 그립은 페어웨이 적중률을 80% 정도까지 끌어올렸다.

즉 아주 좋은 상태에 놓여진 볼을 세컨드 샷 할 수 있게 됐고 많은 버디 찬스가 만들어지게 되었다. 약간, 아주 약간 왼쪽으로 돌려서 말이다.

거리와 방향은 양손이 그립의 축을 중심으로 왼쪽으로 더 잡히는가(위크 그립), 오른쪽으로 더 잡히는가(스트롱 그립)에 따라 차이가 난다. 골프는 비유하자면 두 마리 토끼를 잡는 게임이다. 큰 것을 선택하면 작은 것은 잃을 수밖에 없다.

그립의 V자 홈이 턱 밑을 가리키는 형태가 스퀘어 그립이다. 방향을 중시하는 그립법이다. 여기서 오른쪽으로 V자 홈이 옮겨 갈수록 거리를 위주로 한 그립 형태가 된다. 심한 경우 V자 홈이 오른쪽 어깨 밖을 가리키는 경우가 있는데 이것을 엑스트라 스트롱 그립이라고 한다. 일명 존데일리 그립이다.

많은 골퍼들이 훅보다 슬라이스에 시달린다. 간단한 치유방법으로서 프로들은 클럽 헤드를 약간 닫아 주거나 왼손을 오른쪽으로 조금 돌려 잡아 너클 부분이 3개가 확실히 보이게 해본다. 특별히 스윙을 바꾸지

않고도 드로 볼까지 칠 수 있다.

여기에는 약간의 신체적인 면을 고려해야 된다. 상체에 근육이 많은 골퍼는 편하게 선 상태에서 내려다보면 근육이 없는 골퍼보다 손등 쪽이 더 많이 보이게 된다. 이런 근육형 골퍼는 스퀘어 그립이 날씬한 골퍼의 스트롱 그립이 된다. 체격에 따라 그립핑이 다를 수 있다는 얘기다.

젖은 수건을 짤 때처럼 그립을 잡을 때 양손의 그립을 약간 짜준다. 비기너들에게 레슨을 할 때 왼손을 스트롱 그립, 오른손을 스퀘어 그립으로 잡는 절충형을 알려주었더니 반응이 훨씬 좋았다.

그립의 힘도 좋아지고 양손, 특히 오른손이 왼손 엄지손가락에 착 달라붙어 피니시까지 만들어지니 방향성 또한 좋아지게 된다.

굿 스윙 마지막 단계는 오른손

'텍사스의 매'라 불리는 벤 호간은 "골프에서 정확하게 하지 않으면 안 되는 것이 있는데, 그런 경우 반만 정확해도 아무것도 이루지 못한다. 그립도 그 중 하나"라고 말했다. 골프를 잘 치기 위해서는 왼손을 오른손처럼 쓰면 된다.

스윙 중 오른손을 적절히 보태주면 좋은 거리와 방향을 얻을 수 있다. 우리는 처음에 오른손을 쓰면 안 된다고 배웠다. 오른손잡이다 보니 스윙의 주체인 왼손이 리드를 해야 되는데 습관적으로 오른손을 사용하게 되기 때문에 이를 방지하기 위해서이다. 하지만 어느 정도의 수준이 되면 오른손을 쓰게 된다.

오른손의 정확한 그립 방법은 왼손이 클럽을 쥔 상태에서 왼손 엄지손톱의 우측 끝이 오른쪽 손바닥의 가운데에 오도록 잡아주는 것이다.

그러면 오른 손바닥의 생명선과 일치되면서 양손의 그립핑 간격이 정확하게 만들어진다. 그런 다음 오른손의 검지손가락을 가운뎃손가락과 손가락 하나 들어갈 정도로 약간 떨어지게 쥐어주면서 엄지손가락과 검지 끝이 맞닿도록 해주고 오른손 엄지손가락을 검지 쪽에 닿도록 밀어 붙여준다.

자칫 너무 붙여 잡다보면 오른손 V자 틈 사이로 왼손 엄지손톱이 보이는 경우가 있는데, 이는 오른손을 적절히 사용할 수 없기 때문에 좋지 않다.

이렇게 만들어진 양손의 그립 모양이 어드레스부터 피니시까지 풀어지면 안 된다. 풀어진다는 것은 어드레스 때 만들어진 역삼각형의 양 팔꿈치가 벌어졌다는 것을 의미한다. 스윙 중 티를 왼손 새끼손가락 사이에 1개, 왼손과 닿는 오른손의 손목 부분에 1개, 오른손의 V자 홈에 1개를 끼우고 스윙을 해본다.

그러면 취약한 부분의 티가 떨어져 나가게 되는데, 이는 그 부분이 스윙 중 떨어진다는 것을 의미한다. 양손의 위치, 힘과 모양이 잘 맞으면 다운 스윙 때 오른쪽 겨드랑이가 조여져 임팩트 이후 오른팔이 쭉 펴지는 팔로가 나와 장타가 만들어진다.

셋 업을 할 때는 클럽 헤드를 바닥에 놓고 쥐는 것보다 샤프트가 지면과 수평이 되도록 오른손으로 잡고, 리딩 에지 부분이 12시 방향을 가리키도록 들며, 왼손으로 클럽의 리딩 에지 부분을 맞춰 잡으면서 오른손을 더하면 된다.

그런 다음 볼을 향해 헤드를 내려놓으면 금방이라도 버디를 만들어낼 것 같은 훌륭한 자세가 나온다. 좋은 스윙은 좋은 그립에서 나온다.

스윙은 치약을 짜듯이

　도올 선생의 노자 강의는 듣는 이로 하여금 신명나게 만든다. 강의 내용 중 '같은 공자 왈이라도 듣는 연령층에 따라 받는 느낌이 다르다' 는 표현이 있었다. 10대의 느낌과 20대의 느낌, 50대가 듣는 느낌이 각각 다르다는 것이다.

　골프도 마찬가지다. 90대와 80대, 싱글이 각각 듣고 느끼는 바에 엄청난 차이가 있다. 예를 들면 골프의 기본인 그립을 잡는 힘의 강약에 대한 이해도를 높이기 위하여 많은 얘기가 동원된다.

　'손에 참새를 잡고 있는 느낌이어야 한다.' 스윙 중에 순간적으로 과도한 힘이 손에 들어가 잡고 있는 참새가 '찍' 하고 소리를 낼 정도면 안 된다는 말이다.

　즉 그립의 시작과 끝의 힘은 강약이 같아야 한다는 뜻이다. 또 '어드레스부터 치약이 조금씩 짜져야 한다' 는 말은 그립을 잡고 있는 손가락 힘의 강약을 얘기한 것이다.

　치약의 끝을 쥐고 있는 왼손 새끼손가락의 힘이 10이면 오른손 엄지손가락의 힘은 1이 되도록 단계적으로 잡으면, 어드레스 때 나오기 시작한 치약이 피니시 때 튜브에 조금도 남아있지 않게 되듯이 깨끗하게 처리된다.

　양 손바닥을 폈을 때 왼손 새끼손가락 마디와 손바닥 쪽에 굳은살이 조금 생길 정도라야 하고 다른 손가락과 손바닥에는 굳은살이 없어야 한다. 만일 있다면 스윙 중에 그립을 강하게 쥐고 힘껏 때린다는 얘기가 된다. 특히 오른손에 굳은살이 많으면 오른팔과 손을 과도하게 사용한다는 증거로, 주로 슬라이스가 난다.

'스윙 샘'이라는 별명이 붙은 샘 스니드는 대단한 장타력과 완벽한 스윙으로 '현대 스윙의 아버지'라고 불린다. 그럼에도 불구하고 그의 양손바닥에는 굳은살이 조금도 없다고 한다. 골프는 하체에는 강한 힘을 주고 상체로 올라갈수록 그 힘을 줄인다.

그리고 그립에서는 '그냥 쥐어준다'는 기분으로 완전히 힘을 뺀다. 그럴 경우 몸통과 헤드만이 있을 뿐이며 스윙 중에 헤드 무게로 볼을 맞추게 되어 클럽별 거리를 정확하게 보낼 수 있다.

그립 악력, 처음부터 끝까지 같게

보다 긴 거리와 정확도를 내는 방법은 골퍼와 클럽을 이어주는 그립에 있다. 어떻게 잡느냐, 얼마나 강하게 오랫동안 잡아주느냐 등에 따라 큰 차이가 난다.

보통 거리가 필요할 때는 훅 그립을 취한다. 그립을 잡았을 때 왼손의 너클 부분이 3개가 보이는 형태로 강한 힘을 내는 그립을 말한다. 이것은 태권도 선수가 격파 때 손등 부분보다 수도로 쳐내는 것이 큰 힘을 얻을 수 있는 것과 같은 이치다. 백 스윙 톱에서 다운 스윙 시 클럽의 그립 끝 부분(동그란 모양)과 그것을 잡고 있는 왼손 새끼손가락의 강한 힘으로 볼을 찍듯이 내려주는 것이다.

장타자의 대명사 존 댈리는 왼손 그립을 완전히 우측으로 덮어씌운 모양으로 손등이 다 보일 정도의 자세를 취한다. 왼손 엄지손가락, 검지의 꼬여진 선이 왼쪽 어깨를 가리키는 정도가 아니라 완전히 왼쪽 어깨의 바깥쪽을 가리키는 엑스트라 훅 그립을 잡고 있다. 이 형태는 체력과 완력이 있는 골퍼에게는 적합하지만 일반 골퍼에게는 무리가 있을 수 있다.

약간의 훅 그립에서 수도 부분으로 볼을 때릴 때 보통 우리들은 힘을 주어 가격한다. 임팩트 때 흔히 양손의 그립을 보다 강한 힘으로 잡아주게 되는데, 이것은 양팔과 온 몸에 많은 힘이 들어가 빠른 회전을 만드는데 방해를 하게 된다. 그래서 큰 스윙을 하면서도 빠르게 회전하는 그렉 노먼은 어드레스 때 클럽 헤드를 바닥에서 떼어 볼의 뒤에 위치시킨다.

이와 같이 잡아주면서 클럽 헤드를 쥐고 있는 양손의 악력을 느끼고 양팔과 몸통, 그리고 견갑골을 이어주는 큰 근육의 힘을 느끼면서 스윙 중에 더 이상의 힘을 사용하지 않으면 아주 견고하고 훌륭한 헤드 스피드를 만들어 낼 수 있다.

그것을 확인하는 방법으로 실제 볼 앞에 어드레스를 한 다음 그립에 힘을 느끼고 백 스윙 톱에서 임팩트 직전에 클럽 헤드를 멈추어 본다.

이때 순간적으로 어드레스보다 힘이 더 주어지고 그립을 꽉 쥐어주게 되면 프로같이 멋지고 훌륭한 장타를 치기 어려워진다.

그립의 악력을 처음부터 끝까지 동일하게 유지시켜 주면 볼을 더 견고하고 정확하게 클럽 헤드의 스윙 스포트에 맞춰 줄 수 있다. 이는 평상시 헤드의 앞 또는 샤프트 쪽에 맞아서 손해 보았던 20% 이상의 거리를 되돌려 받는 비결이기도 하다.

Putting

Chapter 8

퍼팅의 정확함이
승패를 좌우한다

다른 골퍼의 퍼팅을 보지 말자

미국 PGA 투어와 LPGA 투어의 혼성 이벤트 골프 대회인 JC 페닉클래식에서 폴 에이징어 – 박세리 조가 2위를 한 아주 재미있는 게임이 있었다. 3라운드까지만 해도 장타자 조인 존 델리 – 로라 데이비스에 4타나 앞서 있어 우승은 따 놓은 당상이었다.

그러나 막판에 폴 에이징어 – 박세리 조의 무릎을 꿇게 한 것은 호쾌한 드라이버 샷도, 기막힌 아이언 샷도 아닌 퍼팅이었다. 3홀에 걸친 피 말리는 플레이오프를 마감시킨 것은 로라 데이비스의 8.5피트 버디 퍼팅이었다.

결국 영국 출신의 거구가 대역전극을 펼칠 수 있었던 원인은 지고 있는 게임에 대해 마음을 비우고 편안히 본 대로 느낀 대로 밀어준 것이었다. 두 승부사의 대역전극은 남의 퍼팅에 신경을 쓰기보다는 서로의 어깨를 다독거리며 마음의 안정을 꾀한 결과다.

상대 골퍼의 퍼팅 미스, 그것도 짧은 퍼팅의 실수를 보게 되면 자신도 실수를 하지 않을까 하고 염려되는 마음이 별안간 생기게 된다. 즉 상대 골퍼의 퍼팅을 가급적 보지 않는 것은 부정적인 생각이 들지 못하게 하려는 것이다. 또 존 델리와 로라 데이비스는 서로의 퍼팅 스트로크를 체크해주고, 그린의 누운 깃대 위에 대고 빈 스트로크를 틈이 날 때마다 되풀이했다.

이것은 우리 인체의 근육이 최소한 12번의 반복적인 행동을 하면 한

번의 무의식적인 행동이 만들어져 정확히 홀 컵을 향해 볼을 굴려주게 되기 때문이다. 특히 1m 이내의 짧은 퍼팅은 이런 연습이 아주 효과적이다.

다른 골퍼가 퍼팅 중일 때 재빠르게 움직여서 이런 연습을 반복하게 되면 스스로의 퍼팅에 자신감이 생기게 되고 실제로 쉽게 홀인시킬 수 있다. 평소 집에서나 주변에서 쉽게 연습하는 방법으로는 두루마리 화장지를 약 2m 정도 깔아놓고 퍼터로 그 굵은 라인에서 벗어나지 않도록 아주 천천히 스트로크를 해주는 것이다.

양쪽 겨드랑이를 좀 더 조여서 양쪽 겨드랑이를 잇는 등의 라인, 즉 등쪽 어깨를 움직여서 퍼팅을 연습하면 클럽 헤드는 아주 쉽고 부드럽게 휴지 위를 왕복하게 된다. 가끔 볼을 1개쯤 올려놓고 살짝 굴려보기도 하면 좋다. 이런 트레이닝을 반복하면 실제 필드에서도 아주 좋은 퍼팅 감각과 스코어를 얻을 수 있다.

Tip_____>>>
1. 다른 골퍼의 퍼팅을 보지 말자.
2. 그린 위에서 빈 스트로크 반복은 효과 100%이다.
3. 그린에서는 화장지 라인을 상상하며 퍼팅한다.

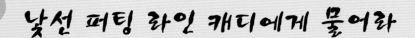

낯선 퍼팅 라인 캐디에게 물어라

주말 골퍼의 경우 1년에 몇 번이나 그린을 밟을까? 사실 따져보면 그렇게 많지 않다. 회사일에 쫓기고 사업에 바쁘고 불쑥불쑥 생겨나는 이런 일 저런 일에 매달리다 보면 마음 놓고 골프장을 갈 수 있는 횟수는 한 달에 두어 번 정도가 전부일 것이다.

게다가 모처럼 가는 골프장 나들이도 가본 곳보다는 안 가본 곳을 찾게 된다. 그러다보니 대부분의 경우 그린이 낯설어 퍼팅 라인 읽기에 애를 먹는다.

1. **역결인가, 순결인가?** 잔디결의 상태를 가리킨다. 볼 쪽으로 누워 있으면 역결, 홀 컵 쪽이면 순결이다. 역결은 잔디의 저항을 감안하여 순결보다 강하게 쳐주어야 한다.

2. **어느 쪽이 높고 낮은가?** 볼과 홀 컵 사이를 걸어보면 발바닥으로부터 전해오는 감각이 무릎에 전달되어 상하의 높낮이를 알 수 있고 또 좌우의 경사까지 느낄 수 있다.

3. **잔디의 종류는 무엇인가?** 볼이 유리알처럼 빨리 구르는 그린이 있는가 하면 느리게 구르는 그린도 있다. 또 계절과 시간(오전, 오후)에 따라 약간의 차이가 있다.

어쩌다 3m짜리 버디 퍼팅 기회라도 만나면 마치 마음을 둔 여인을 앞에 두고 가슴만 콩닥콩닥거리듯, 흥분된 심정에 퍼팅 라인도 잘 보이지 않는다.

이때 그린 위에서 내 편은 캐디뿐이다. 자신이 보고 느낀 퍼팅 라인이 제대로 맞는지, 휘는 지점이 어디쯤인지 등을 캐디에게 물어볼 수 있다. 만일 동반 플레이어에게 물어보거나 이에 대답하면 양쪽 모두 2벌타이다.

어쨌든 퍼팅 라인을 결정하는 방법은 우선 멀리 보자면 티 박스에서 그린을 보고 좌우 어느 쪽이 높은지를 염두에 두고 보는 것이다. 이 기억을 바탕으로 그린 온을 시도할 때 가능하면 핀으로부터 내리막 지점, 즉 올려치기 좋은 곳을 선정해 볼을 보낸다.

그린에 오를 때는 핀과 볼의 연장선 뒤쪽으로부터 올라간다. 이때 눈짐작으로 전후좌우의 경사를 눈여겨본 다음, 홀 컵으로 걸어가면서 경사도를 감안한 힘의 강약을 가늠한다.

커다란 S자를 그리는 경사의 경우 처음보다는 홀 컵 가까이를 더욱 신중히 살펴야 한다. 볼에 힘이 빠져 직진 추진력이 약해지는 홀 컵 주변의 30cm 지점에서 특히 경사변화에 주의해 퍼팅 라인을 결정하면 좋다.

퍼팅에는 법도 폼도 없다

골프를 하면서 퍼팅 때문에 고민 안 해 본 골퍼는 없을 것이다. 실력으로는 안 되지만 퍼터 모양이라도 바꿔 보자고 이 궁리 저 궁리해서 만들어진 퍼터가 세상에는 3,000가지나 된다.

3,000가지나 되는 퍼터를 모두 돈을 주고 살 수는 없으므로 있는 퍼터 그립의 모양만이라도 바꿔보자. 김미현이 현대증권 여자오픈 대회부터 바꿨다는 크로스 핸드 그립, 일명 역 그립으로 잡아보자. 왼손을 내려 잡고

오른손을 올려 잡은 모양인데, 준비는 일반적인 어드레스 때와 같다.

1. 몸은 그립을 잡기 전에 보통 어드레스를 할 때처럼 무릎, 허리를 굽혀 볼을 향해 선다.
2. 편안하게 늘어뜨린 왼쪽 손바닥과 오른쪽 손바닥이 볼을 보게 편다.

3. 왼쪽 손목만 살짝 돌려 퍼터를 그립 끝으로 내려서 샤프트가 왼팔과 일직
   선이 되도록 쥔다. 이때 양 팔꿈치는 양 갈비뼈에 조이듯이 붙인다. 저절
   로 겨드랑이가 조여져 어깨에 의한 시계추 진자운동이 만들어질 수 있다.
4. 오른쪽 손바닥이 목표를 향하도록 그립을 잡아준다.
5. 왼쪽 손목 위의 팔뚝 안쪽에 오른손의 손가락 부분이 밀착되도록 왼편으
   로 밀어 준다.
6. 왼손은 왼쪽 겨드랑이 바로 밑에 있도록 한다.
7. 오른쪽에서 보면 오른쪽 팔꿈치부터 내려오는 선이 샤프트에 일치하도
   록 핸드 업을 해주어야 한다.
8. 이렇게 만들어진 모양이 변하지 않게 스트로크를 해야 하지만, 오른손이
   추진력을 주어야 한다.

지금까지 해오던 퍼팅 방식이 스코어를 줄이는 데 보탬이 되지 않았다
면 과감하게 바꿔보자. 그러나 만사가 한 번에 좋아지는 일은 없는 법,
연습만이 보약이다.

퍼팅 자세 연습의 생활화

대학시절 한때 당구에 빠져 수업도 많이 빼먹었다. 스리 쿠션이 어찌나 재미있었던지 누우면 천장에 당구공이 왔다갔다 하고, 밥상 위에 놓인 김치그릇이 깍두기그릇을 치고 저 코너를 돌아와 밥그릇을 치면 된다는 생각에 히죽히죽 웃곤 했었다.

그때는 온갖 사물이 몽땅 당구대로 보였다. 이와 마찬가지로 골프도 '생활화'가 되지 않으면 남보다 더 잘 하기 어렵다. 하루 중 아침을 투자하면 90대, 4시간 정도 투자하면 80대, 하루 종일 골프에 푹 빠져 지내면 70대 스코어를 친다. 누구나 싱글의 호를 받고 싶어 하지만 하루를 투자할 수도 없고 그저 즐기는 정도로만 하는 경우가 많다.

그러나 스코어를 조금 줄일 수 있는 방법은 있다. 퍼팅의 숫자를 줄이는 것이다. 박세리, 김미현도 미국 투어에서 라운드당 28개의 퍼팅을 기록하고 있다. 그린 파가 36타이니까 8타를 줄인다는 얘기다. 그린 위에서 거리 낼 필요가 없으므로 근육이나 헬스 등도 필요 없고, 그저 퍼터로 길 따라 굴려주면 가다가 홀에 딸랑 떨어진다.

우선 감각이 좋아야 하는데 그렇게 하려면 하루도 빠짐없이 퍼터 그립을 잡고 시계추 진자운동을 많이 해주어야 한다. 그래야 등 근육과 가슴 근육이 좌우로 움직여 양팔을 정확히 흔들 수 있게 해주고 퍼터 헤드가 앞뒤로 잘 움직이게 된다.

그리고 하체를 높인 자세(거의 무릎이 펴질 정도로)에서 허리를 기점으로 상체를 앞으로 숙여 스트로크 시 안정감을 주어야 한다. 양발의 폭은 한 뼘 정도 벌려 발 안쪽이 11자가 되도록 발끝을 모으고 선 다음 무릎, 가슴, 시선, 그립을 잡은 손까지 타깃 라인에 정렬이 되도록 하여 퍼터 페이스가 상승하는 시점에 볼을 놓고 스트로크가 될 수 있으면 아주 좋은 퍼팅 자세가 된다.

어느 날은 그린에 올라서면 길이 훤히 보이고, 아무리 멀어도 치면 들어가고, 버디도 2~3개를 잡는다. 평상시 퍼팅에 대해 생각을 많이 했다는 증거다.

생각을 많이 하면 우리의 두뇌가 근육에 계속적인 모로스 부호를 보내게 되고, 실제 움직이지 않아도 근육은 자연스럽게 연동이 돼 하나의 일을 해낼 수 있다.

퍼팅은 아무리 멀어도 1m부터 시작되고, 1m 퍼팅에서 끝이 난다. 1m를 바로 보낼 줄 알게 되면 스리 퍼팅은 '아듀'다.

코 앞 퍼팅도 완전한 스트로크를

　메이저 챔피언이었던 톱 프로 중에서 퍼팅 때 고생을 많이 한 프로로 영국 출신의 이안 우즈남 선수가 있다. 우리나라에서도 경기를 한 바 있는 이 선수는 자그마한 키에 시원시원한 장타가 일품이다. 그런데 요즘 이 선수가 자기 키만 한 퍼터(부름스틱)를 들고 나와 그린을 휘젓고 다닌다. 가만히 서서 오른팔로만 쳐내면 훨씬 실수가 적을 것이라는 생각에서 사용한다고 하는데 예전보다 썩 좋아진 것 같지는 않다.

　퍼팅을 일명 '게임 중의 게임' 이라고도 한다. 그 날 스코어의 43%를 차지하기 때문이다. 이에 반해 우드(1, 3, 5번 포함)는 25%를 차지하니 특별한 힘과 기술이 필요 없는 퍼팅에 아마추어는 큰 관심을 기울이지 않을 수 없을 것이다. 어느 날 라운드에서 '퍼팅이 참 좋다', '감이 좋다' 라는 말을 들었다면 그 이유는 좋은 스트로크를 가지고 있었기 때문이다.

　좋은 자세와 퍼터를 가지고 있으면서도 볼을 타깃으로 바로 보내지 못하는 이유는 헤드가 목표 방향을 향할 때 몸 안에 움직이지 않는 중심점과 시계추 진자운동으로 만들어진 스윙의 궤도를 이탈하기 때문이다.

　퍼팅 스트로크라 해서 앞뒤로 적당히 움직이는 것이 아니라 풀 스윙 중 5시에서 7시까지를 떼어내 그 부분이 정확히 목표 방향으로 움직이지 않으면 방향성이 좋아지지 않아 홀 인 확률이 떨어진다.

일반적으로 하나의 볼을 쳐내는 데 걸리는 시간이 2초 반 정도이면 좋은 스윙이라고 한다.

그렇다면 하나의 퍼팅도 스윙 스트로크가 되어 역시 2초 반이 걸리게끔 해야만 좋은 퍼팅이 만들어진다. 즉 아무리 작은 퍼팅이라도 어드레스, 백 스윙 스타트, 톱, 다운, 임팩트, 피니시가 있어야 한다는 얘기다.

그래야만 백 스윙 톱에서 헤드 무게가 볼에 전해지면서 정확한 거리가 만들어진다. 그리고 다운 중에 스윙 궤도에서 벗어나지 않게 돼 볼은 정확하게 라인 업(볼이 홀로 가야하는 길)이 되어 멋지게 홀 인 된다. 역시 볼이 홀 컵에 떨어질 때까지 머리를 들지 말고 볼이 굴러가는 대로 정수리를 축으로 고개를 돌리면서 눈으로 따라 가야 한다. 성공적인 퍼팅을 하려면 슬로프를 판단하는 능력, 적절한 속도 감각, 그리고 결단을 내리는 용기를 가져야 한다.

평소에도 퍼팅 감각을 유지해야

오랜만에 골프를 치다보면 드라이버는 옛날 버릇이 남아 그런대로 맞아나간다. 아이언 샷도 역시 그린 쪽으로 날아간다. 하지만 퍼팅은 생각대로 되지 않는다. 이처럼 감각을 가장 먼저 잊어버리고 회복 속도도 가장 느린 것이 퍼팅이다.

정확한 퍼팅이란 볼을 원하는 거리만큼 원하는 방향으로 보내는 것이다. 우선 두 발의 안쪽은 원하는 퍼팅 선과 직각이 되어야 한다. 또 두 발의 간격은 자신의 발 절반 정도의 넓이로 하는 것이 이상적이다.

물론 볼이 온 그린 되어 먼 거리를 보내야 할 경우에는 어프로치 샷을 할 때와 비슷한 스탠스를 취해야 한다. 그리고 두 손은 목표에 스퀘어가 되도록 잡아주면 클럽 헤드 페이스가 목표를 정확히 향하게 된다. 이때 팔꿈치는 부드럽게 굽혀서 옆구리 쪽에 가볍게 닿도록 하고 양쪽 무릎은 너무 펴지 말고 약간 구부리는 것이 좋다.

짧은 퍼팅은 체중의 80% 정도를 왼발 쪽에 두어야 성공률이 높다. 얼굴은 지면과 평행이 될 정도로 많이 숙여 볼을 충분히 쳐다볼 수 있어야 하며, 천천히 두 어깨를 움직여 백 스윙을 해야 한다. 그래야만 목을 중심으로 헤드가 원 모양으로 움직여 클럽 헤드의 원심력을 살릴 수 있다. 임팩트 때 손목을 사용하게 되면 애써 만들어 놓은 좋은 자세를 유지할

수 없다.

　좋은 스윙의 비결은 일정한 리듬을 유지하는 것이다. 퍼팅을 할 때에도 드라이버나 아이언 스윙의 시작부터 끝까지 걸리는 시간과 똑같은 시간이 필요하다. 작은 스윙이라고 빠르게 빼서 빠르게 때리면 신체리듬과 맞지 않게 되어 퍼팅 실패의 큰 원인이 된다.

　아이언을 바닥에 내려놓고 그린의 안쪽 끝에 퍼터를 놓은 후 그린의 바깥쪽 끝까지 백 스윙을 해주고 클럽 헤드 쪽이 가려질 정도로 피니시를 하면 방향감각을 익힐 수 있고 백 스윙과 피니시 스윙의 크기가 만들어진다.

　골프 스코어의 70%가 드라이버와 퍼팅에 달려있다는 말을 항상 염두에 두어야 좋은 성적을 낼 수 있다. 라운드를 하지 않더라도 퍼팅 연습은 꼭 필요하다.

퍼터는 퍼팅 라인으로

골퍼들이 1라운드 18홀을 플레이를 하는 동안 퍼팅이 차지하는 비율은 평균 43% 정도라고 한다. 또 아무리 퍼팅을 못하는 골퍼라도 3퍼팅을 5회 이상은 하지 않는다. 그리 계산하면 18홀 동안 퍼팅의 숫자는, 적어도 40~50회 정도가 된다.

여기서 스코어를 쉽게 더 줄일 수 있는 방법은 바로 퍼팅 라인에 퍼터를 직각으로 운동시켜주는 것이다.

어떻게 치면 1m 퍼팅을 놓치지 않고 완벽하게 넣을 수 있을까? 그 답은 퍼터 헤드를 퍼팅 라인에 직각으로 대주는 셋 업과 스트로크이다. 퍼터 페이스가 직각인 상태로 백 스윙과 임팩트, 홀 컵을 향한 팔로 스루가 볼을 홀 인 시켜준다. 페이스 면이 스트로크 중에 계속해서 퍼팅 라인에 직각이 되도록 유지시켜 주면 되는 것이다.

그러나 이런 일련의 동작들이 좀처럼 쉽게 되질 않는다. 아슬아슬하게 홀 컵의 위, 아래로 빠져 당겼다 밀었다가 된다. 헤드가 퍼팅 라인에 조금만 어긋나도 그 차이는 홀 컵의 위치에선 크게 나타난다.

우리 주변에서 흔히 있는 것을 보조재로 사용하면 퍼팅 실력을 빠르게 향상시킬 수 있게 된다. 자신이 그린에서 퍼팅을 준비할 때 어디선가 들려오는 피아노 소리를 연상해 본다. 마음이 편안해지고 호흡이 부드러워진다. 이때 자신이 볼과 홀 컵과의 사이에 피아노의 건반 덮개를 깔아준다. 최소한 내가 치는 볼은 홀 인을 할 때 녹색 그린 위에 빨간 카펫을 타고 홀 인해야 하지 않을까?

1. 집에서도 피아노 건반 덮개를 길게 깔아놓고 끝에서 1m 되는 곳 중앙에 볼을 놓고 클럽을 어드레스 해주면 된다.
2. 퍼터 헤드가 백 스윙 때 빨간 라인을 조금도 벗어나지 않게 뒤로 밀어준다.
3. 다운 임팩트, 팔로 스루, 피니시도 그 라인을 벗어나지 않도록 해주면 볼은 자연스럽게 빨간 라인을 벗어나지 않고 끝까지 똑바로 굴러가게 된다. 스윙과 임팩트, 피니시 때 퍼터의 흔들림을 느끼는 골퍼 또한 이러한 연습방법으로 이미지 트레이닝을 하면, 아주 쉽고 빠르게 퍼팅 실력을 향상시킬 수 있다.

100% 홀 인이 가능한 그립

파 3홀, 125야드, 아이언 7번, 가볍게 친 볼이 핀 2m 옆에 멋지게 붙는다. 더할 수 없는 버디 찬스! '버디는 OK가 없다'는 동반자의 말에 별안간 홀 컵이 작아 보인다. 어드레스는 했지만 귀가 윙윙, 눈앞이 캄캄, '어떻게 되겠지…' 하는 마음으로 친 볼은 홀 컵의 왼쪽 귀퉁이를 스치면서 야속하게 돌아선다.

우리는 가끔 기본을 잊어버리고 단순한 상황을 더욱더 복잡하게 만들어 헤어날 수 없는 늪에 빠질 때가 종종 있다.

기본으로 돌아가자. 자연으로 왔으니 기본으로 돌아가자!

클럽을 제대로 움직여 볼을 홀 인 시키려면 우리 신체 중 클럽에 가장 먼저 닿는 손과 그립과의 관계에 집중해야 한다. 어떤 사람은 다시는 실수로 빗나가는 일 없게 두 손 모아 신께 기도를 하는 경우도 있는데, 해답은 여기 '두 손 모아'에 있다. 양 손바닥이 좌우측으로 치우치지 않게 서로 마주보도록 한 후, 바로 이 사이에 퍼터의 그립을 넣어 주면서 그립핑하면 만사 OK!

일반적으로 퍼터는 위에서 보면 퍼터의 토우 쪽이 평면으로 넓게 잘려져 있는 모양이 된다.

1. 왼손의 엄지손가락과 손톱이 퍼터 헤드를 향하도록 그립에 올려놓으면서 살며시 감싸 쥔다.
2. 오른손은 그립의 옆에 대면서 왼손 엄지손가락이 완전히 덮히도록 쥔다. 역시 오른손 엄지손가락의 손톱은 퍼터의 단면 위에 오도록 감싸 쥔다. 너무 꽉 쥐거나 왼손 엄지손가락이 보일 정도로 열어 쥐어서는 안 된다.
3. 양손 엄지손가락이 퍼터의 단면 위에 놓이게 되면 좌우의 손등은 목표 방향을 향하게 된다. 또 스트로크 중에 퍼터 페이스가 타깃 라인을 벗어나지 않도록 해주는 것이 기본이 된다.

또 결정한 후에는 바로 실행하는 마음가짐이 중요하다. 왼손 그립을 잡는 힘은 피니시 때까지 변하지 않아야 방향성을 보장 받을 수 있다. 만일 스트로크 중에 왼손 그립이 느슨해지면 오른손의 힘에 밀려 퍼터 페이스의 방향이 바뀌게 된다. 볼을 쳐 보내는 것은 오른손이지만 왼손 그립의 힘이 견고하게 유지되어야 완벽한 홀 인이 가능하다.

꼭 넣을 것 같은 어드레스

　경기 중 박찬호가 볼을 던지려는 순간, 우리는 직감적으로 '이건 스트라이크다' 라는 분위기를 종종 느낄 수 있다. 또 그라운드의 야생마 김주성의 전성기 시절, 강하게 찬 볼이 그물에 철렁거릴 것이란 감을 읽을 수 있었다. 박세리, 그녀의 퍼팅을 보고 국내 골프 전문가들은 '기량이 향상된 것은 무엇보다 집중력이 좋아졌기 때문이다' 라는 평을 내렸다. 10m 넘는 퍼팅을 준비하는 세계적인 골퍼를 보면 '아! 저건 들어가는구나' 라는 느낌이 들 때가 있다.

　이처럼 어떻게 하면 꼭 넣을 것 같은 어드레스를 할 수 있을까? 우선 자세가 좋고 편하게 그립한 후 볼과 적당한 거리(홀과 멀면 멀리 서고 가까우면 볼과 엄지발가락 발끝이 퍼터 헤드 1개 반 정도 떨어지게 선다)를 유지한 채 발의 폭을 한 뼘 정도로 벌리고 선다. 너무 붙이고 서면 체중의 중심이 상체에 머물게 되어 스트로크에 영향을 초래하게 된다.

1. 잭 니클라우스 시대에는 왼발 끝을 편히 벌리고 서는 오픈 스탠스를 사용하였으나, 타이거 우즈는 목표 방향과 양발이 수평을 이루는 스퀘어 스탠스를 사용한다.
2. 무릎은 평소 아이언 샷의 어드레스 때보다 약간 펴준다(양팔이 좀 더 자유스러워진다).

3. 허리는 클럽이 그린에 닿을 정도로 앞으로 숙여준다.

4. 양 어깨와 엉덩이는 타깃을 향하여 반드시 평행으로 정렬되어야 한다.

5. 머리는 양쪽의 관자놀이가 타깃에 평행이 되어야 한다.

6. 턱을 당겨서 얼굴이 지면과 평행이 되도록 한다.

7. 눈과 볼, 그리고 클럽은 수직선상에 위치해야 한다.

8. 오른쪽 겨드랑이는 약간 조여준다.

9. 2번 정도의 심호흡으로 정신과 신체의 집중력을 키워준다.

이런 동작들이 자연스럽게 이어지도록 연습을 충분히 해둔다. 특히 퍼팅은 정신적인 요인이 많이 작용한다. 우선 볼을 히팅하는 것보다 홀 인 생각이 더 크기 때문에 스트로크를 망쳐버리는 수가 있다. '퍼팅은 귀로 하자'는 이 말은 곧 스트로크에 충실하면서 임팩트 때까지 정확한 히팅을 하자는 뜻이다.

느낌이 좋을 때

아무래도 박세리 선수같은 프로가 퍼팅을 준비하면 보는 이의 마음이 편하다. 거리낄 것이 없이 홀 인 될 것 같은 예감이 들기 때문이다. 어느 날 라운드를 해보면 퍼팅이 의외로 잘 될 때가 있고, 또 어떤 때는 무진 애를 써도 잘 안 될 때가 있다. 아무리 생각해도 똑같은 자세, 똑같은 생각으로 같은 히팅을 했는데도 말이다.

퍼팅이 잘 되었을 때 보통 '느낌이 좋다', '잘 되었다' 라는 말을 한다. 어떻게 하면 느낌이 좋을까? 그것은 바로 골프의 생활화에 있다.

1. 평소에 걸을 때에도 그린에서 퍼팅을 준비하는 속도로 걷는 습관을 갖는다.
2. 식사를 너무 급하게 하지 않고 생체 리듬을 부드럽게 한다.
3. 생활의 리듬을 한 박자 늦춰 여유롭게 생각할 수 있는 시간을 갖는다.
4. 깊은 호흡으로 집중력과 근육의 이완을 돕는다.
5. 퍼팅을 너무 산술적이고 과학적으로 생각하지 않는다.

6. 첫 인상이 50% 이상 차지한다. 처음 본 것이 맞을 확률이 크기 때문에 결심을 바꾸지 않는 것이 좋다.

7. 볼이 홀 인 될 수 있는 가상의 라인을 잡는다.

8. 꼭 들어간다고 생각하고 연습 스윙을 많이 한다.

9. 그린에서는 많이 돌아다닌다. 발바닥으로 그린의 경사와 잔디의 길이에 따른 빠르기를 느낀다.

10. 준비하는 동안 그립의 강도와 어드레스 자세를 잡아본다.

11. 자신의 차례가 오면 빠르게 준비한다.

12. 양쪽 겨드랑이를 살며시 조여주면서 깊게 심호흡한다.

13. 볼의 앞에서 가볍게 2~3번 연습 스트로크를 한 후 클럽 페이스를 목표 방향에 직각이 되도록 볼의 뒤에 놓는다.

14. 가지런히 놓인 양발을 살며시 벌려 오른발 안쪽이 목표 선에 직각이 되도록 스탠스를 확보한다. 왼발 또한 체중이 적당히 배분되도록 보폭을 잡는다.

15. 오른쪽 손바닥이 목표 방향을 가리키고 있는지 확인한 후 너무 빠르지 않게 백 스윙을 시작한다.

흔히 듣는 얘기지만 이런 일련의 준비된 동작들을 실천함으로써 박세리 선수는 매번 변함없는 그녀의 준비과정을 지켜보는 사람들을 편안하게 만든다. 그녀의 퍼팅 준비는 느낌부터 좋다.

때릴까, 밀까?

　어떻게 하면 볼이 홀 컵으로 똑바로 굴러가게 할 수 있을까? 퍼팅에는 정해진 방법이나 폼은 없다. 그러나 쇼트 퍼팅에서 클럽 페이스를 목표 방향에 90°, 즉 스퀘어가 되도록 놓는 것과 퍼팅 라인을 따라서 바로 굴러갈 수 있도록 해주는 스트로크, 이 두 가지만 알면 쇼트 퍼팅의 홀 인은 그리 어렵지 않다.

　미국 진출 이후 좋은 성적을 올린 박세리 선수는 페이지넷 챔피언십에서 1라운드부터 5타 차이로 단독선두로 경기를 펼치다가 3라운드에서 2오버 파를 치면서 흔들리고 말았다. 그래서 4라운드에서 캐리 웹, 로라 데이비스와 연장전을 하게 되었다. 로라 데이비스의 드라이버 샷은 왼쪽 러프 쪽으로 향했고, 박세리의 샷은 오른쪽 러프 쪽으로, 캐리 웹의 샷은 페어웨이 중간에 놓여 캐리 웹 40%, 로라 데이비스 30%, 박세리 30%의 우승 가능성을 갖는 양상이었다.

　그러나 로라 데이비스의 세컨드 샷은 그린 좌측 뒤편으로 날아갔고, 박세리의 고난도 펀치 샷은 깃대 좌측 5피트에 안착해 버디 기회를 잡았다. 이후 캐리 웹의 샷은 그린 오버되었다. 특히 연장전에 강한 박세리 선수가 버디 퍼팅을 준비하고 있었을 때는 아무리 철판 같은 강심장에 철사줄 같은 신경을 가진 선수라 해도 긴장하지 않을 수 없는 상황이었다.

쇼트 퍼팅에는 두 가지 방법이 있다
라인 업이냐, 라인 무시냐? 이 두 가지 방법은 서로 상반된 관계에 있는 것 같으나 시작은 우선 칩 라인에 있다.

라인 업 : 작은 경사라도 충분히 읽어 볼이 경사를 타고 홀 인 시키는 스타일로 우선 그립을 부드럽게 잡아주어야 한다. 그러면서 라인대로 헤드를 밀어주는 방법이다. 그립을 너무 부드럽게 잡아주면 어깨에 힘이 빠져 헤드가 쉽게 움직인다.

히   팅 : 임팩트, 아무리 하찮은 퍼팅이라 해도 어드레스, 백 스윙, 톱, 다운 임팩트, 피니시가 있어야 한다. 짧은 퍼팅을 할 때 정확히 맞추지 않으면 안 된다. 왼손은 보통 때보다 꽉 쥐고 오른손 엄지손가락, 검지의 감각을 살려 지나치다 싶을 정도로 쳐준다.

이 두 가지 방법은 서로 모순된 것 같으나 미스 했을 때는 짧아서 홀 컵의 밑으로(아마추어 라인) 흐르거나 홀 컵을 돌고 나오는 라인을 잃어버리게 된다. 자신의 실수가 어느 쪽이 더 많은지 생각해보고 두 가지 방법을 실험해 보는 것이 좋다. 짧은 건 때리고 멀면 미는 것이 좋다.

손목으로 칠까
어깨로 치는 것이 좋다는데

현대 퍼팅의 대가는 트로이카 시대의 으뜸이었던 아놀드 파머를 꼽는다. 물론 20세기 최고의 골프 스타는 잭 니클라우스이지만 그래도 팬의 숫자에 있어서는 어니(아놀드 파머의 애칭)를 따라올 프로가 없다. 오죽하면 '어니군단' 이라는 말까지 나왔을까.

그의 퍼팅 동작은 전형적인 히팅으로서 손목을 사용하여 치는 타법이다. 15피트 이내의 미들 퍼팅은 어깨만 사용해도 홀 인이 가능하지만 15피트 이상의 롱 퍼팅은 어깨뿐만 아니라 손목을 함께 사용해서 홀 인 시켜야 한다.

연습 방법은 다음과 같다.

1. 머리를 벽에 대고 퍼터의 앞쪽, 토우 부분을 벽에 댄 채 어드레스를 하면 눈이 볼 위에 오게 된다.
2. 그 후 어깨를 움직여 퍼터의 토우가 벽에서 떨어지지 않도록 스윙 연습을 한다. 이때 양 팔꿈치가 등 뒤쪽으로 빠지면 클럽이 벽에서 떨어지게 되어 시계추 형태의 운동이 불가능하다. 그러므로 왼쪽 팔꿈치가 목표 방향으로 움직이게 만들어 주고 약간 과장되게 몸동작을 해야만 정확한 퍼팅 스트로크가 가능하게 된다.

잘 정비되지 않은 상태의 그린이라면 탭식 퍼팅, 즉 볼을 툭 치고 팔로 스루를 생략한 형태의 퍼팅이 좋다. 또 오랜 경험으로 숙달된 타법이 아니면 어깨타법으로 훈련을 시작하는 것이 좋다.

퍼팅에서 클럽 헤드 즉 퍼터 페이스 면이 목표 방향에 스퀘어로 움직여야 하는 것은 기본적인 사항으로, 어깨를 사용해서 퍼팅하면 바로 이런 움직임이 가능하다. 자칫 손 치기를 하면 끌어당기거나 밀어치는 원인이 될 수도 있다. 그렇게 되면 클럽 페이스가 임팩트 존에서 크로스 또는 오픈되어 방향이 어긋나기 쉽다.

양손을 합장하듯 잡고 그립을 약간 느슨하게 한 후 손바닥으로 그립을 누르고, 양쪽 겨드랑이를 조인 상태에서 양 팔꿈치를 움직여 스윙한다.

이 상태에서 목을 중심으로 양 어깨를 움직여 클럽 헤드가 시계추처럼 움직이게 해주면 페이스 면의 방향이 변하지 않은 상태로 백 스윙을 할 수 있다. 또 임팩트 이후에도 목표를 향해 곧게 움직이게 된다. 이렇게 임팩트 이후에 목표 방향으로 정확한 팔로 스루를 해 주어야만 홀 인이 가능하다.

잔디결 경사는 얼마만큼 더

미국 서부의 라코스타 골프장에서 세계 랭킹 1위 타이거 우즈부터 65위 마이클 캠벨까지 세계적인 골프 스타들이 참가한 앤더슨 매치 플레이 챔피언십이 벌어졌다. 그런데 랭킹 19위인 유럽의 대런 클라크가 타이거 우즈를 누르고 100만 달러의 상금을 챙겼다. 그때 TV화면에 클로즈업된 볼과 그린을 보고 우측에서 좌측 하단부로 빠르게 흐르는 잔디결을 읽을 수 있다면 분명 '퍼팅의 귀재'가 될 수 있다.

퍼팅에 성공하기 위해서는 그린의 잔디결을 잘 읽는 것이 필수적이다. 잔디는 바람이 불거나, 물이 흘러가는 방향이 '역결이냐 순결이냐'에 따라 퍼팅의 방법을 달리 해야 한다.

볼에서 홀을 쳐다보았을 때 잔디의 색깔이 주변보다 검게 보이거나 그린의 스파이크 자국이 선명하게 보이면 역결이다. 이럴 경우에는 자신의 생각보다 세게 쳐야 한다. 볼의 위치에서부터 그린이 역결이기 때문에 볼을 평상시처럼 놓고 퍼팅을 하게 되면 자칫 볼이 튀어서 방향을 잃어버릴 수 있기 때문이다. 볼을 왼발 쪽으로 놓고, 만약 퍼팅 거리가 5m 정도일 경우에도 홀 컵을 훨씬 지나 6m 정도로 나갈 수 있는 강도로 퍼팅을 해야 한다. 팔로 스루도 홀 컵을 향해 과감하게 밀어 준다. 약간 이슬이 맺힌 그린에서 퍼팅을 한다고 생각하면 된다.

반대로 잔디의 색깔이 주변보다 밝게 보이거나 그린의 보수 자국이나 스파이크 자국이 잘 안 보이면 순결이다. 이때는 퍼팅 모션과 볼의 위치를 평상시처럼 해도 생각보다 볼이 잘 굴러간다.

거리감은 5m 퍼팅일 때 3m 정도를 치듯이 하면 충분히 홀 인이 가능하다. 즉 자연이 도와주는 경우라고 할 수 있다.

퍼팅 전에 히팅의 거리감이 잔디결에 많은 영향을 받는다는 것은 이론보다도 실제 연습과 경험을 통해서 몸으로 느끼고 익혀야 하는, 즉 퍼팅에서 꼭 짚고 넘어가야 될 부분이다.

플레이가 있는 날 골프장에 좀 더 일찍 도착해서 연습 그린에서 잔디의 결, 경사의 정도에 맞게 히팅의 목표와 거리감을 충분히 연습해 보자.

골프에서 외워서 해야 할 부분이 있다면 바로 이런 부분이다. 항상 기억하고 있다가 언제나 자신있게 퍼팅할 수 있도록 하자.

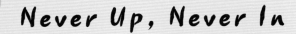

Never Up, Never In

1989년도 마스터즈 연장전에서 미국의 스코트 호크 선수는 60cm 퍼팅을 짧게 쳐 실패하는 바람에 아쉽게 메이저대회 우승을 놓쳤다. 60cm를 단지 60cm 정도로만 쳤기 때문에 퍼팅이 짧았던 것이다.

짧은 퍼팅을 그보다 더 짧게 쳐서 안 들어가는 경우가 종종 있다. 이렇게 짧은 거리의 퍼팅을 실패했을 때는 다른 경우보다 더욱더 자신에게 화가 나게 된다. 스스로에게 욕을 하기도 하고 심한 경우에는 퍼터로 자신의 정강이를 내리쳐 계속 라운딩을 하지 못하기도 한다. 그러나 이런 점이 퍼팅의 매력이라고 할 수 있다.

1. 퍼터는 목을 중심으로 시계추 같이 흔들어주어야 오버 스핀이 걸려서 생각했던 것보다 많이 굴러가게 된다.
2. 볼이 항상 홀을 지나치도록 원래의 홀 30cm 뒤쪽에 가상으로 홀 컵을 더 만들어본다.
3. 홀이 생각보다 멀리 있다고 생각한다.
4. 평지에서 퍼팅하는 경우엔 약간의 오르막에서 할 때와 같은 기분으로 볼을 굴린다.
5. 볼의 밑 부분을 쳐주는 기분으로 굴린다.
6. 헤드가 홀 컵을 넘어갈 때까지 피니시를 길게 해준다.
7. 너무 많은 것을 생각하지 말자.

연습할 때 볼이 있는 위치에서 홀 컵까지의 발걸음 수보다 한 걸음 더 뒤쪽에 클럽을 놓고 홀 컵을 무시한 채 그 클럽에 볼이 닿을 수 있도록 퍼팅을 해준다. 그러면 퍼팅 때 힘의 강약도 조절되고, 백 스윙의 크기나 팔로 스루도 커지게 된다. 라운드의 첫 퍼팅은 대개 10m 퍼팅부터 시작되지만 이 퍼팅을 짧게 치면 결국 3퍼팅의 원인이 된다.

어느 주말 팀은 첫 홀부터 홀 컵을 지나가지 않은 퍼팅은 아무리 홀 컵 앞에 멋지게 다가가도 기브를 주지 않는단다. 그러나 볼이 홀 컵을 넘어서면 얼마쯤 지나가도 OK를 준다. 그 후, 팀의 퍼팅 실력이 몰라보게 좋아져서 스코어를 많이 줄였다는 말이 있다.

"Never Up, Never In."

홀 컵을 지나가지 않은 퍼팅이 홀 인하지 못한다는 것은 진리와 다름없다. 프로든 아마추어든 이 진리와의 싸움에서 승리하는 것이 퍼팅에 성공하는 방법이다.

칠거지악

조선시대의 여인에게 적용되었던 '칠거지악(七去之惡)'. 이 칠거지악의 조항들을 보면 남성 우월적인 가부장 제도에서 열악했던 여성의 지위가 단적으로 드러난다. 요즘에는 직장생활을 하는 여성들이 늘어나면서 아내가 생활을 책임지고 남편이 육아와 가사를 돌보는 등 남녀의 역할이 바뀐 경우도 종종 볼 수가 있지만 말이다.

이와 마찬가지로 퍼팅에서도 생략해서는 안 되는 7가지 항목이 있다. 퍼팅의 달인이 된 많은 골퍼들이 강조하는 것도 이 7가지 항목으로, 홀인 확률을 높여주는 매우 기본적인 사항들이다.

우린 가끔 퍼팅에서 준비단계를 생략하기도 하는데 그럴 때의 결과는 여지없는 실패로 이어지곤 한다. 아무리 타이거 우즈라 해도 준비가 소홀하면 1m 짜리 퍼팅에도 미스할 수 있는 법이다.

퍼팅에서 생략하면 큰 낭패를 볼 수 있는 7가지는 다음과 같다.

1. 클럽 페이스가 퍼팅 라인과 스퀘어가 되게 해야 한다.
2. 양발의 안쪽은 타깃 라인에 직각이 되도록 한다.
3. 그립할 때 양손은 오른손 바닥이 목표를 향하도록 모아준다.
4. 양쪽 겨드랑이를 붙이고 어깨로 스트로크한다.
5. 체중은 왼쪽과 오른쪽 다리에 6대 4로 배분한다.

6. 볼을 칠 때 퍼터와 볼이 만나는 지점을 보고 있으면 마음이 안정된다.

7. 편안한 스트로크로 백 스윙보다 팔로 스루를 길게 한다.

위의 7가지 사항이 몸에 밸 수 있도록 연습하면 홀 인 시킬 수 있는 확률은 70% 이상이 될 수 있다.

한 가지 더 하면 볼이 몸에서 너무 가깝거나 멀지 않게 항상 눈밑에 오도록 체크해 주는 것이다. 편안하게 호흡하면서 집중해야만 밀어내지 않게 되고 몸이 경직되지 않는다. 여기에 수많은 경험으로 익힌 정확한 거리 판단, 슬라이스, 훅의 라인 판단 등 그린을 읽어내는 능력이 향상되어 가끔 롱 퍼팅을 성공해 버디도 잡을 수 있을 것이다.

'드라이버는 기술, 아이언 샷은 과학'이라고 한다. 그러나 '퍼팅은 센스'다.

"오늘은 퍼팅감이 좋았어." 그 느낌을 말로 표현할 수는 없지만 위의 7가지 사항을 수없이 연습하여 자연스러운 몸동작으로 만들어지면 느낌이 좋은 퍼팅, 센스 있는 퍼팅을 할 수 있을 것이다.

롱 퍼팅과 쇼트 퍼팅, 스리 퍼팅

퍼팅에서 가장 부담스러운 것이 자신의 키보다 거리가 짧은 쇼트 퍼팅이다.

이런 짧은 거리의 퍼팅이 더 위험한 이유는 어드레스 때 볼과 홀이 한 눈에 같이 들어오기 때문이다. 이때는 볼의 히팅할 부분을 정확히 주시하지 못하고 임팩트 직전, 즉 볼이 출발하기도 전에 먼저 홀 컵을 쳐다 보게 되면서 몸이 왼쪽으로 돌아, 퍼터 페이스가 닫히고 따라서 볼이 홀 컵의 왼쪽 밑으로 흘러버리기 쉽다. 또한 꼭 넣어야 된다는 강박관념으로 몸이 경직되어 퍼터 헤드에 자신이 생각한 만큼 힘을 전달하지 못해 길이가 짧아지는 경우가 무척 많다.

1. 쇼트 퍼팅은 흘려 넣는 느낌으로 하지 않는다. 거리가 짧다고 만만하게 생각해서 미스하는 경우가 많기 때문에 더 신중해야 한다. 중간에 볼의 방향이 바뀌지 않도록 강하게 즉, 볼이 홀 컵의 뒤쪽에 부딪혀 떨어질 정도로 쳐서 홀 인 시켜야 한다.

2. 쇼트 퍼팅에서는 백 스윙과 팔로 스윙을 작게 해서 톡 쳐주는 기분으로 해야 한다. 스윙 중 힘이 빠져 적당한 힘보다 약하게 치면 생각보다 거리가 짧아질 수 있기 때문이다.

3. 롱 퍼팅은 방향보다 거리가 우선이다. 많은 프로들이 동계훈련 때 정확한 거리감과 쇼트 퍼팅의 강약을 익히기 위해 10m 퍼팅과 1m 퍼팅을 수없이 반복하여 연습한다. 보폭의 길이를 정확히 재고 걸음의 수를 곱해 거리를 측정해 보자. 만약 10m 짜리 퍼팅을 할 때 홀 컵의 좌측 또는 우측에 1m 남더라도 거리만 맞으면 두 번째 퍼팅이 단지 1m 퍼팅이지만, 혹시 거리가 짧거나 길면 아주 부담이 가는 퍼팅이 되고 만다.

4. 스리 퍼팅은 거리가 짧거나 너무 길어서 나오게 된다. 이는 거리 계산이나 힘의 강약을 조절하는 데 미숙하기 때문이다. 평지일 때는 대충의 거리를 계산하여 백 스윙이나 팔로 스루의 크기 또는 스윙의 속도, 히팅 때 힘의 강약을 조절할 수 있겠지만 내리막, 오르막 경사 또는 복합 경사에서는 거리 계산을 잘못해 실수를 저지를 수 있다. 이때는 퍼팅 구간의 내리막과 오르막을 계산해 합산하고 그것을 평지의 감각에 맞추어 히팅하면 거리 조절을 훌륭하게 할 수 있다. 예를 들어 약 20°의 경사를 가진 오르막 라이에서 10m를 보내야 한다면 2m 정도 길게 쳐주고, 마찬가지로 20° 정도의 내리막 경사에선 2m 정도 짧게 쳐주면 된다. 경사의 각도에 비례하여 가감을 하는 방법이다. 조금은 귀찮더라도 계산하는 능력을 키워주면 그 다음부터는 아주 자연스럽게 척척 계산이 맞게 된다.

퍼팅 미스는 왜

퍼팅을 미스하지 않기 위해서는 아래의 사항들에 주의를 기울여야 한다.

1. **맞지 않는 퍼터** : 흔히 사용하는 퍼터의 길이는 31~34인치이다. 좋은 스트로크를 하기 위해서는 골퍼의 키에 비례하는 적당한 길이의 퍼터를 사용하는 것이 기본이다. 위에서 내려다볼 때 퍼터의 모양은 부담 없이 마음에 들어야 한다.

2. **나쁜 자세** : 몸에 힘이 많이 들어가지 않고 누가 봐도 편안한 자세가 스트로크에 좋다. 타이거 우즈의 퍼팅 모션은 항상 일정하다. 롱 퍼팅은 물론이고 쇼트 퍼팅일 때에도 '대충'이란 없다. '한 손으로 툭 쳐서 넣는 모습' 또한 한 번도 본 적이 없다. 우선 양발 안쪽이 11자 모양이 되도록 볼을 향해 서고 클럽 헤드가 볼의 뒤에 놓일 때까지 천천히 허리를 숙이고 무릎을 굽혀준 뒤 퍼팅 그립을 섬세하게 해준다. 또 얼굴은 지면과 평행이 될 때까지 충분히 숙여준다.

3. **스트로크** : 좋은 자세와 적당한 퍼터를 갖추고도 실제 볼을 칠 때 뒤땅을 치는 경우가 있다. 이는 퍼터로 거의 바닥(그린)을 누르듯이 대고 있다가 스트로크를 하기 때문이다. 어깨와 몸통으로 스트로크에 적당한 힘을 감지하기 위해서 퍼터는 그립을 한 후 그린의 풀에 닿을락 말락 할 정도로 들고 있어야 한다. 그런 다음 롱 퍼팅이냐 쇼트 퍼팅이냐에 따라 스탠스 크기를 조절하고 양발의 엄지발가락 사이에서 퍼터의 페이스 면이 타깃 라인과 스퀘어가 되게 한다. 즉 백 스윙 때 오른발 엄지발가락 앞까지는 클럽 페이스가 열리지 않아야 한다. 또 임팩트, 팔로 스루 시 왼발 엄지발가락 앞까지 스퀘어가 되어야 좋은 스트로크라 할 수 있다.

4. **판독 시스템 불량** : 멀리서 그린에 볼을 올려놓고자 할 때나, 그린에 올라설 때에는 항상 자신의 볼과 홀 컵의 연장선 후방에서 전후좌우 경사를 확인해야 한다. 특히 홀 컵의 3m 전방부터는 더 세심하게 경사를 읽어줄 필요가 있다.

5. **계획 미스** : 그린의 전반적인 상황을 계산하고 난 다음에는 스탠스의 각도, 백 스윙 크기, 힘의 강약에 대한 계획을 세워야 한다. 자세에 대해 결정한 후에는 절대로 중간에 반복해서는 안 된다. 너무 부담을 갖지 말고 자신 있는 스트로크를 하자.

혼자만의 연습방법

퍼팅에선 기술적인 면도 중요하지만 심리적인 면이 더 많이 작용하는 것이 사실이다. 즉 심리가 기술을 컨트롤한다.

평상시 퍼팅을 연습할 때에 편안한 마음가짐으로 스트로크를 해주어야 한다. 기브를 받았다거나 연습이라는 생각으로 퍼팅하면 성공 가능성이 더 커지는 것도 이것 때문이다. 그러나 '못 넣으면 어떻게 하지?' '빠지면 어쩌지?' 하는 부정적 생각은 홀 컵을 작게 만들고, 헤드 업을 하게 해 임팩트 순간 클럽 헤드가 열리거나 닫혀 홀 컵을 비껴나가게 만든다.

따라서 평소에 무조건 반사적인 스트로크를 만들어 놓으면 긴장된 상황에서도 홀 인 시킬 수 있는 가능성은 더 커진다.

벽에 머리를 댄 채 볼을 이마로 누르는 듯하면서 클럽 헤드의 토우 부분이 벽에 떠서 떨어지지 않게 하고 백 스윙과 팔로 스루를 하는 것이다. 처음에는 손과 팔만의 힘으로 헤드를 움직여서 클럽 헤드가 벽에서 떨어져 톡톡 튀게 된다. 그러나 왼팔의 겨드랑이를 조여서 양쪽 어깨로 흔들어주면 클럽 헤드가 벽에서 떨어지지 않고 좌우로 천천히 움직여간다. 이때 클럽 헤드 면을 주시하면서 목표 방향을 향해 움직여가는 것을 상체와 팔의 작은 근육에 입력시켜 놓는다. 그런 다음 전체적인 어드레스를 체크해 보는 것이다.

가장 중요한 것부터 정리하면 첫 번째가 볼 위에 시선이 머물러야 한다는 점이다. 어드레스를 한 다음 동전이나 티를 눈에 대거나 양미간에 놓고 떨어뜨리면 볼 위에 떨어져야 한다. 이것은 볼이 홀 컵을 향해 라인 업이 되었는지를 나타낸다. 몸은 정확히 타깃에 스퀘어가 되도록 서면 된다. 그렇게 하면 클럽 페이스가 라인에 대해 쉽게 직각이 될 수 있다.

볼과 자신과 적당한 간격을 유지하는 것도 중요하다. 너무 멀리 서면 시선이 멀어지게 되어 방향 미스를 초래하고, 반대로 가까우면 스트로크에 방해를 받을 수 있다. 적당한 타이밍과 리듬으로 시계추의 진자운동이 되도록 해주면 아주 멋진 퍼팅이 될 것이다.

지금 당장 잘되지 않는다고 좌절하지 말고 꾸준히 연습하면 언젠가는 좋은 감이 생길 것이다. 골프는 무엇보다 인내가 필요한 운동이다.

가림출판사 · 가림M&B · 가림Let's에서 나온 책들

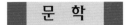 문 학

바늘구멍
켄 폴리트 지음 / 홍영의 옮김 / 신국판 / 342쪽 / 5,300원

레베카의 열쇠
켄 폴리트 지음 / 손연숙 옮김 / 신국판 / 492쪽 / 6,800원

암병선
니시무라 쥬코 지음 / 홍영의 옮김 / 신국판 / 300쪽 / 4,800원

첫키스한 얘기 말해도 될까
김정미 외 7명 지음 / 신국판 / 228쪽 / 4,000원

사미인곡 上·中·下
김충호 지음 / 신국판 / 각 권 5,000원

이내의 끝자리
박수완 스님 지음 / 국판변형 / 132쪽 / 3,000원

너는 왜 나에게 다가서야 했는지
김충호 지음 / 국판변형 / 124쪽 / 3,000원

세계의 명언
편집부 엮음 / 신국판 / 322쪽 / 5,000원

여자가 알아야 할 101가지 지혜
제인 아서 엮음 / 지창국 옮김 / 4×6판 / 132쪽 / 5,000원

현명한 사람이 읽는 지혜로운 이야기
이정민 엮음 / 신국판 / 236쪽 / 6,500원

성공적인 표정이 당신을 바꾼다
마츠오 도오루 지음 / 홍영의 옮김 / 신국판 / 240쪽 / 7,500원

태양의 법
오오카와 류우호오 지음 / 민병수 옮김 / 신국판 / 246쪽 / 8,500원

영원의 법
오오카와 류우호오 지음 / 민병수 옮김 / 신국판 / 240쪽 / 8,000원

석가의 본심
오오카와 류우호오 지음 / 민병수 옮김 / 신국판 / 246쪽 / 10,000원

옛 사람들의 재치와 웃음
강형중 · 김경익 편저 / 신국판 / 316쪽 / 8,000원

지혜의 쉼터
쇼펜하우어 지음 / 김충호 엮음 / 4×6판 양장본 / 160쪽 / 4,300원

헤세가 너에게
헤르만 헤세 지음 / 홍영의 엮음 / 4×6판 양장본 / 144쪽 / 4,500원

사랑보다 소중한 삶의 의미
크리슈나무르티 지음 / 최윤영 엮음 / 신국판 / 180쪽 / 4,000원

장자-어찌하여 알 속에 털이 있다 하는가
홍영의 엮음 / 4×6판 / 180쪽 / 4,000원

논어-배우고 때로 익히면 즐겁지 아니한가
신도희 엮음 / 4×6판 / 180쪽 / 4,000원

맹자-가까이 있는데 어찌 먼 데서 구하려 하는가
홍영의 엮음 / 4×6판 / 180쪽 / 4,000원

아름다운 세상을 만드는 사랑의 메시지 365
DuMont monte Verlag 엮음 / 정성호 옮김 /
4×6판 변형 양장본 / 240쪽 / 8,000원

황금의 법
오오카와 류우호오 지음 / 민병수 옮김 / 신국판 / 320쪽 / 12,000원

왜 여자는 바람을 피우는가?
기젤라 룬테 지음 / 김현성 · 진정미 옮김 / 국판 / 200쪽 / 7,000원

세상에서 가장 아름다운 선물 김인자 지음
국판변형 / 292쪽 / 9,000원

수능에 꼭 나오는 한국 단편 33 윤종필 엮음
신국판 / 704쪽 / 11,000원

수능에 꼭 나오는 한국 현대 단편 소설 윤종필 엮음 및 해설
신국판 / 364쪽 / 11,000원

수능에 꼭 나오는 세계단편(영미권) 지창영 옮김 / 윤종필 엮음 및 해설
신국판 / 328쪽 / 10,000원

수능에 꼭 나오는 세계단편(유럽권) 지창영 옮김 / 윤종필 엮음 및 해설
신국판 / 360쪽 / 11,000원

건 강

아름다운 피부미용법 이순희(한독피부미용학원 원장) 지음
신국판 / 296쪽 / 6,000원

버섯건강요법 김병각 외 6명 지음
신국판 / 286쪽 / 8,000원

성인병과 암을 정복하는 유기게르마늄 이상현 편저 / 카오 샤오이 감수
신국판 / 312쪽 / 9,000원

난치성 피부병 생약효소연구원 지음
신국판 / 232쪽 / 7,500원

新 방약합편 정도명 편역
신국판 / 416쪽 / 15,000원

자연치료의학 오홍근(신경정신과 의학박사 · 자연의학박사) 지음
신국판 / 472쪽 / 15,000원

약초의 활용과 가정한방 이인성 지음
신국판 / 384쪽 / 8,500원

역전의학 이시하라 유미 지음 / 유태종 감수
신국판 / 286쪽 / 8,500원

이순희식 순수피부미용법 이순희(한독피부미용학원 원장) 지음
신국판 / 304쪽 / 7,000원

21세기 당뇨병 예방과 치료법 이현철(연세대 의대 내과 교수) 지음
신국판 / 360쪽 / 9,500원

신재용의 민의학 동의보감 신재용(해성한의원 원장) 지음
신국판 / 476쪽 / 10,000원

치매 알면 치매 이긴다 배오성(백상한방병원 원장) 지음
신국판 / 312쪽 / 10,000원

21세기 건강혁명 밥상 위의 보약 생식 최경순 지음
신국판 / 348쪽 / 9,800원

기치유와 기공수련 윤한홍(기치유 연구회 회장) 지음
신국판 / 340쪽 / 12,000원

만병의 근원 스트레스 원인과 퇴치 김지혁(김지혁한의원 원장) 지음
신국판 / 324쪽 / 9,500원

김종성 박사의 뇌졸중 119 김종성 지음
신국판 / 356쪽 / 12,000원

탈모 예방과 모발 클리닉 장정훈 · 전재홍 지음
신국판 / 252쪽 / 8,000원

구태규의 100% 성공 다이어트 구태규 지음
4×6배판 변형 / 240쪽 / 9,900원

암 예방과 치료법 이춘기 지음
신국판 / 296쪽 / 11,000원

알기 쉬운 위장병 예방과 치료법 민영일 지음
신국판 / 328쪽 / 9,900원

이온 체내혁명 노보루 야마노이 지음 / 김병관 옮김
신국판 / 272쪽 / 9,500원

어혈과 사혈요법 정지천 지음
신국판 / 308쪽 / 12,000원

약손 경락마사지로 건강미인 만들기 고정환 지음
4×6배판 변형 / 284쪽 / 15,000원

정유정의 LOVE DIET 정유정 지음
4×6배판 변형 / 196쪽 / 10,500원

머리에서 발끝까지 예뻐지는 부분다이어트 신상만 · 김선민 지음
4×6배판 변형 / 196쪽 / 11,000원

알기 쉬운 **심장병 119** 박승정 지음
신국판 / 248쪽 / 9,000원

알기 쉬운 **고혈압 119** 이정균 지음
신국판 / 304쪽 / 10,000원

여성을 위한 **부인과질환의 예방과 치료** 차선희 지음
신국판 / 304쪽 / 10,000원

알기 쉬운 **아토피 119** 이승규 · 임승엽 · 김문호 · 안유일 지음
신국판 / 232쪽 / 9,500원

120세에 도전한다 이권행 지음
신국판 / 308쪽 / 11,000원

건강과 아름다움을 만드는 요가 정판식 지음
4×6배판 변형 / 224쪽 / 14,000원

우리 아이 건강하고 아름다운 롱다리 만들기 김성훈 지음
대국전판 / 236쪽 / 10,500원

알기 쉬운 **허리디스크 예방과 치료** 이종서 지음
대국전판 / 336쪽 / 12,000원

소아과 전문의에게 듣는 알기 쉬운 **소아과 119**
신영규 · 이강우 · 최성항 지음
4×6배판 변형 / 280쪽 / 14,000원

피가 맑아야 건강하게 오래 살 수 있다 김영찬 지음
신국판 / 256쪽 / 10,000원

웰빙형 피부 피인을 만드는 **나만의 셀프 피부건강** 양해원 지음
대국전판 / 144쪽 / 10,000원

내 몸을 살리는 생활 속의 웰빙 **항암 식품** 이승남 지음
대국전판 / 248쪽 / 9,800원

마음한글, 느낌한글 박완식 지음
4×6배판 / 300쪽 / 15,000원

웰빙 동의보감식 **발마사지 10분** 최미희 지음 / 신재용 감수
4×6배판 변형 / 204쪽 / 13,000원

아름다운 몸, 건강한 몸을 위한 **목욕 건강 30분** 임하성 지음
대국전판 / 176쪽 / 9,500원

내가 만드는 한방생주스 60 김영섭 지음
국판 / 112쪽 / 7,000원

몸을 살리는 건강식품 백은희 · 조창호 · 최양진 지음
신국판 / 384쪽 / 11,000원

건강도 키우고 성적도 올리는 자녀 건강 김진돈 지음
신국판 / 304쪽 / 12,000원

알기 쉬운 **간질환 119** 이관식 지음
신국판 / 264쪽 / 11,000원

밥으로 병을 고친다 허봉수 지음
대국전판 / 352쪽 / 13,500원

알기 쉬운 **신장병 119** 김형규 지음
신국판 / 240쪽 / 10,000원

마음의 감기 치료법 **우울증 119** 이민수 지음
대국전판 / 232쪽 / 9,800원

관절염 119 송영욱 지음
대국전판 / 224쪽 / 9,800원

내 딸을 위한 **미성년 클리닉** 강병문 · 이향아 · 최정원 지음
국판 / 148쪽 / 8,000원

암을 다스리는 기적의 치유법
케이 세이헤이 감수 / 카와키 나리카즈 지음 / 민병수 옮김
신국판 / 256쪽 / 9,000원

스트레스 다스리기
대한불안장애학회 스트레스관리연구특별위원회 지음
신국판 / 304쪽 / 12,000원

천연 식초건강법
건강식품연구회 엮음 / 신재용(해성한의원 원장) 감수
신국판 / 252쪽 / 9,000원

암에 대한 모든 것 서울아산병원 암센터 지음
신국판 / 360쪽 / 13,000원

교 육

우리 교육의 창조적 백색혁명
원상기 지음 / 신국판 / 206쪽 / 6,000원

현대생활과 체육
조창남 외 5명 공저 / 신국판 / 340쪽 / 10,000원

퍼펙트 MBA IAE유학네트 지음 / 신국판 / 400쪽 / 12,000원

유학길라잡이 Ⅰ - 미국편
IAE유학네트 지음 / 4×6배판 / 372쪽 / 13,900원

유학길라잡이 Ⅱ - 4개국편
IAE유학네트 지음 / 4×6배판 / 348쪽 / 13,900원

조기유학길라잡이.com
IAE유학네트 지음 / 4×6배판 / 428쪽 / 15,000원

현대인의 건강생활
박상윤 외 5명 공저 / 4×6배판 / 268쪽 / 15,000원

천재아이로 키우는 두뇌훈련
나카마츠 요시로 지음 / 민병수 옮김
국판 / 288쪽 / 9,500원

두뇌혁명 나카마츠 요시로 지음 / 민병수 옮김
4×6판 양장본 / 288쪽 / 12,000원

테마별 고사성어로 익히는 한자
김경익 지음 / 4×6배판 변형 / 248쪽 / 9,800원

生生 공부비법 이은승 지음
대국전판 / 272쪽 / 9,500원

자녀를 성공시키는 습관만들기 배은경 지음
대국전판 / 232쪽 / 9,500원

한자능력검정시험 1급 한자능력검정시험연구위원회 편저
4×6배판 / 568쪽 / 21,000원

한자능력검정시험 2급 한자능력검정시험연구위원회 편저
4×6배판 / 472쪽 / 18,000원

한자능력검정시험 3급(3급II) 한자능력검정시험연구위원회 편저
4×6배판 / 440쪽 / 17,000원

한자능력검정시험 4급(4급II) 한자능력검정시험연구위원회 편저
4×6배판 / 352쪽 / 15,000원

한자능력검정시험 5급 한자능력검정시험연구위원회 편저
4×6배판 / 264쪽 / 11,000원

한자능력검정시험 6급 한자능력검정시험연구위원회 편저
4×6배판 / 168쪽 / 8,500원

한자능력검정시험 7급 한자능력검정시험연구위원회 편저
4×6배판 / 152쪽 / 7,000원

한자능력검정시험 8급 한자능력검정시험연구위원회 편저
4×6배판 / 112쪽 / 6,000원

볼링의 이론과 실기 이택상 지음
신국판 / 192쪽 / 9,000원

고사성어로 끝내는 천자문 조준상 글/그림
4×6배판 / 216쪽 / 12,000원

논술 종합 비타민 김종원 지음
신국판 / 200쪽 / 9,000원

취미 · 실용

김진국과 같이 배우는 와인의 세계 김진국 지음
국배판 변형양장본(올 컬러판) / 208쪽 / 30,000원

경제 · 경영

CEO가 될 수 있는 성공법직 101가지
김승룡 편역 / 신국판 / 320쪽 / 9,500원

정보소프트 김승룡 지음 / 신국판 / 324쪽 / 6,000원

기획대사전　다카하시 겐코 지음 / 홍영의 옮김
신국판 / 552쪽 / 19,500원

맨손창업 · 맞춤창업 BEST 74　양혜숙 지음
신국판 / 416쪽 / 12,000원

무자본, 무점포 창업! FAX 한 대면 성공한다
다카시로 고시 지음 / 홍영의 옮김 / 신국판 / 226쪽 / 7,500원

성공하는 기업의 인간경영　중소기업 노무 연구회 편저 / 홍영의 옮김
신국판 / 368쪽 / 11,000원

21세기 IT가 세계를 지배한다　김광희 지음
신국판 / 380쪽 / 12,000원

경제기사로 부자아빠 만들기　김기태 · 신현태 · 박근수 공저
신국판 / 388쪽 / 12,000원

포스트 PC의 주역 **정보가전과 무선인터넷**　김광희 지음
신국판 / 356쪽 / 12,000원

성공하는 사람들의 마케팅 바이블　채수명 지음
신국판 / 328쪽 / 12,000원

느린 비즈니스로 돌아가라
사카모토 게이이치 지음 / 정성호 옮김
신국판 / 276쪽 / 9,000원

적은 돈으로 큰돈 벌 수 있는 **부동산 재테크**　이원재 지음
신국판 / 340쪽 / 12,000원

바이오혁명　이주영 지음
신국판 / 328쪽 / 12,000원

성공하는 사람들의 자기혁신 경영기술　채수명 지음
신국판 / 344쪽 / 12,000원

CFO　교텐 토요오 · 타하라 오키시 지음 / 민병수 옮김
신국판 / 312쪽 / 12,000원

네트워크시대 네트워크마케팅　임동학 지음
신국판 / 376쪽 / 12,000원

성공리더의 7가지 조건
다이앤 트레이시 · 윌리엄 모건 지음 / 지창영 옮김
신국판 / 360쪽 / 13,000원

김종결의 성공창업　김종결 지음
신국판 / 340쪽 / 12,000원

최적의 타이밍에 내 집 마련하는 기술　이원재 지음
신국판 / 248쪽 / 10,500원

컨설팅 세일즈　*Consulting sales*　임동학 지음
대국전판 / 336쪽 / 13,000원

연봉 10억 만들기　김농주 지음
국판 / 216쪽 / 10,000원

주5일제 근무에 따른 **한국형 주말창업**　최효진 지음
신국판 변형 양장본 / 216쪽 / 10,000원

돈 되는 땅 돈 안되는 땅　김영준 지음
신국판 / 320쪽 / 13,000원

돈 버는 회사로 만들 수 있는 109가지
다카하시 도시노리 지음 / 민병수 옮김
신국판 / 344쪽 / 13,000원

머니투데이 송복규 기자의 **부동산으로 주머니돈 100배 만들기**　송복규 지음
신국판 / 328쪽 / 13,000원

성공하는 슈퍼마켓&편의점 창업　나명환 지음
4×6배판 변형 / 500쪽 / 28,000원

대한민국 성공 재테크 **부동산 펀드와 리츠로 승부하라**　김영준 지음
신국판 / 256쪽 / 12,000원

마일리지 200% 활용하기　박성희 지음
신국판 변형 / 200쪽 / 8,000원

1%의 가능성에 도전, **성공 신화를 이룬 여성 CEO**　김미현 지음
신국판 / 248쪽 / 9,500원

주 식

개미군단 대박맞이 주식투자
홍성걸(한양증권 투자분석팀 팀장) 지음 / 신국판 / 310쪽 / 9,500원

알고 하자! **돈 되는 주식투자**
이길영 외 2명 공저 / 신국판 / 388쪽 / 12,500원

항상 당하기만 하는 개미들의 매도 · 매수타이밍 **999% 적중 노하우**
강경무 지음 / 신국판 / 336쪽 / 12,000원

부자 만들기 주식성공클리닉　이창희 지음 / 신국판 / 372쪽 / 11,500원

선물 · 옵션 이론과 실전매매
이창희 지음 / 신국판 / 372쪽 / 12,000원

너무나 쉬워 재미있는 주가차트
홍성무 지음 / 4×6배판 / 216쪽 / 15,000원

주식투자 직접 투자로 높은 수익을 올릴 수 있는 비결
김학균 지음 / 신국판 / 230쪽 / 11,000원

역 학

역리종합 만세력　정도명 편저 / 신국판 / 532쪽 / 10,500원

작명대전　정보국 지음 / 신국판 / 460쪽 / 12,000원

하락이수 해설　이천교 편저 / 신국판 / 620쪽 / 27,000원

현대인의 창조적 관상과 수상　백운산 지음 / 신국판 / 344쪽 / 9,000원

대운용신영부적　정재원 지음 / 신국판 양장본 / 750쪽 / 39,000원

사주비결활용법　이세진 지음 / 신국판 / 392쪽 / 12,000원

컴퓨터세대를 위한 新 **성명학대전**
박용찬 지음 / 신국판 / 388쪽 / 11,000원

길흉화복 꿈풀이 비법　백운산 지음 / 신국판 / 410쪽 / 12,000원

새천년 작명컨설팅　정재원 지음 / 신국판 / 492쪽 / 13,900원

백운산의 신세대 궁합　백운산 지음 / 신국판 / 304쪽 / 9,500원

동자삼 작명학　남시모 지음 / 신국판 / 496쪽 / 15,000원

구성학의 기초　문길여 지음 / 신국판 / 412쪽 / 12,000원

법률 일반

여성을 위한 성범죄 법률상식
조명원(변호사) 지음 / 신국판 / 248쪽 / 8,000원

아파트 난방비 75% 절감방법
고영근 지음 / 신국판 / 238쪽 / 8,000원

일반인이 꼭 알아야 할 절세전략 173선
최성호(공인회계사) 지음 / 신국판 / 392쪽 / 12,000원

변호사와 함께하는 부동산 경매
최환주(변호사) 지음 / 신국판 / 404쪽 / 13,000원

혼자서 쉽고 빠르게 할 수 있는 소액재판
김재용 · 김종철 공저 / 신국판 / 312쪽 / 9,500원

"술 한 잔 사겠다"는 말에서 찾아보는 채권 · 채무
변환철(변호사) 지음 / 신국판 / 408쪽 / 13,000원

알기쉬운 부동산 세무 길라잡이
이건우(세무서 재산계장) 지음 / 신국판 / 400쪽 / 13,000원

알기쉬운 어음, 수표 길라잡이
변환철(변호사) 지음 / 신국판 / 328쪽 / 11,000원

제조물책임법
강동근(변호사) · 윤종성(검사) 공저 / 신국판 / 368쪽 / 13,000원

알기 쉬운 주5일근무에 따른 임금 · 연봉제 실무
문강분(공인노무사) 지음 / 4×6배판 변형 / 544쪽 / 35,000원

변호사 없이 당당히 이길 수 있는 **형사소송** 김대환 지음
신국판 / 304쪽 / 13,000원

변호사 없이 당당히 이길 수 있는 **민사소송** 김대환 지음
신국판 / 412쪽 / 14,500원

혼자서 해결할 수 있는 **교통사고 Q&A** 조명원(변호사) 지음
신국판 / 336쪽 / 12,000원

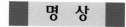

퍼팅 메커닉 이근택 지음
감각에 의존하는 기존 방식의 퍼팅은 이제 그만!!
저자 특유의 과학적 이론을 신체근육 운동학에 접목시켜 몸의 무리를 최소화로 덜고 최대한의 정확성과 거리감을 갖게 하는 새로운 퍼팅 메커닉 북.
4×6배판 변형 / 192쪽 / 18,000원

아마골프 가이드 정영호 지음
골프를 처음 시작하는 모든 아마추어 골퍼를 위해 보다 쉽고 빠르게 이해할 수 있도록 내용이 구성된 아마골프 레슨 프로그램서.
4×6배판 변형 / 216쪽 / 12,000원

인라인스케이팅 100%즐기기 임미숙 지음
레저 문화에 새로운 강자로 자리매김하고 있는 인라인 스케이팅을 안전하고 재미있게 즐길 수 있도록 알려주는 인라인 스케이팅 지침서. 각단계별 동작을 한눈에 알아볼 수 있도록 세부 동작별 일러스트 수록. 4×6배판 변형 / 172쪽 / 11,000원

배스낚시 테크닉 이종건 지음
현재 한국배스스쿨에서 강사로 활약하고 있는 아마추어 배스 낚시꾼과 중급 수준의 배스 낚시꾼들이 자신의 실력을 한 단계 업그레이드 시킬 수 있도록 루어의 활용, 응용법을 상세하게 해설.
4×6배판 / 440쪽 / 20,000원

나도 디지털 전문가 될 수 있다!!! 이승훈 지음
깜찍한 디자인과 간편하게 휴대할 수 있다는 장점 때문에 새로운 생활필수품으로 자리를 잡아가고 있는 디카·디캠을 짧은 시간 안에 쉽게 배울 수 있도록 해놓은 초보자를 위한 디카·디캠 길라잡이서. 4×6배판 / 320쪽 / 19,200원

스키 100% 즐기기 김동환 지음
스키 인구의 확산 추세에 따라 스키의 기초 이론 및 기본 동작부터 상급의 기술까지 단계별 동작을 전문가의 동작사진을 곁들여 내용 구성.
4×6배판 변형 / 184쪽 / 12,000원

태권도 총론 하웅의 지음
우리의 국기 태권도에 관한 실용 이론서. 지도자가 알아야 할 사항, 태권도장 운영이론, 응급처치법 및 태권도 경기규칙 등 필수 내용만 수록. 4×6배판 / 288쪽 / 15,000원

건강하고 아름다운 동양란 기르기 난마을 지음
동양란 재배의 첫걸음부터 전시회 출품까지 동양란의 모든 것 수록. 동양란의 구조·특징·종류·감상법, 꽃대 관리·꽃 피우기·발색 요령 등 건강하고 아름다운 동양란 만들기로 구성.
4×6배판 변형 / 184쪽 / 12,000원

수영 100% 즐기기 김종만 지음
물 적응하기부터 수영용품, 수영과 건강, 응용수영 및 고급 수영기술에 이르기까지 주옥 같은 수중촬영 연속사진으로 자세히 설명해 주는 수영기법 Q&A.
4×6배판 변형 / 248쪽 / 13,000원

애완견114 황양원 엮음
애완견 길들이기, 애완견의 먹거리, 멋진 애완견 만들기, 애완견의 질병 예방과 건강, 애완견의 임신과 출산, 애완견에 대한 기타 관리 등 애완견을 기를 때 반드시 알아야 할 내용 수록.
4×6배판 변형 / 228쪽 / 13,000원

건강을 위한 웰빙 걷기 이강옥 지음
건강 운동으로서 많은 사람들의 관심을 모으고 있는 걷기운동을 상세하게 설명. 걷기 시 필요한 장비, 올바른 걷기 자세를 설명하고 고혈압·당뇨병·비만증·골다공증 등 성인병과 관련된 걷기운동을 했을 때 얻을 수 있는 효과를 수록하여 성인병을 예방하고 치료할 수 있도록 하였다. 대국전판 / 280쪽 / 10,000원

우리 땅 우리 문화가 살아 숨쉬는 옛터 이형권 지음
우리나라에서 가장 가보고 싶은 역사의 현장 19곳을 선정, 그 터에 어린 조상의 숨결과 역사적 증언을 만날 수 있는 시간 제공. 맛있는 집, 찾아가는 길, 꼭 가봐야 할 유적지 등 핵심 내용 선별 수록.
대국전판 올컬러 / 208쪽 / 9,500원

아름다운 산사 이형권 지음
우리나라의 대표적인 산사를 찾아 계절 따라 산사가 주는 이미지, 산사가 안고 있는 역사적 의미를 되새겨 본다. 동시에 산사를 찾음으로써 생활에 찌든 현대인들이 삶의 활력을 되찾는 시간을 갖게 한다. 대국전판 올컬러 / 208쪽 / 9,500원

골프 100타 깨기 김준모 지음
읽고 따라 하기만 해도 100타를 깰 수 있는 골프의 전략·전술의 비법 공개. 뛰어난 골프 실력은 올바른 그립과 어드레스에서 비롯됨을 강조한 초보자를 위한 실전 골프 지침서.
4×6배판 변형 / 136쪽 / 10,000원

쉽고 즐겁게! 신나게! 배우는 재즈댄스 최재선 지음
몸치인 사람도 쉽게 따라 하고 배우는 재즈댄스 안내서. 이 책에 실려 있는 기본 동작을 익혀 재즈댄스를 하면 생활 속의 긴장과 스트레스를 털어버리고 활력을 되찾을 수 있으며, 다이어트 효과도 얻을 수 있다. 4×6배판 변형 / 200쪽 / 12,000원

맛과 멋이 있는 낭만의 카페 박성찬 지음
가족끼리, 연인끼리 추억을 만들고 행복한 시간을 보낼 수 있는 서울 근교의 카페를 엄선하여 소개. 카페에 대한 인상 및 기본 정보, 인근 볼거리 등도 함께 수록하여 손 안의 인터넷 정보서가 될 수 있게 했다. 대국전판 올컬러 / 168쪽 / 9,900원

한국의 숨어 있는 아름다운 풍경 이종원 지음
우리나라의 숨어 있는 아름다운 풍경을 찾아 소개하는 여행서. 저자의 여행 감상과 먹거리, 볼거리, 사람 사는 이야기가 담겨 있어 안내서라기보다는 답사기라고 할 수 있다. 서정과 사진이 풍부하게 담겨 있는 그곳에 가고 싶다 시리즈 4번째 책.
대국전판 올컬러 / 208쪽 / 9,900원

사람이 있고 자연이 있는 아름다운 명산 박기성 지음
산을 좋아하는 사람들의 산 안내서. 한번쯤 가보면 좋을 산을 엄선하여 그 산이 갖는 매력을 서정성 짙은 글로 풀어 놓았다. 가는 방법과 둘러 보아야 할 곳도 덤으로 설명.
대국전판 올컬러 / 176쪽 / 12,000원

마음의 고향을 찾아가는 여행 포구 김인자 지음
일상 생활에서 벗어나고 싶다면 우리 국토의 진정한 아름다움을 느끼게 해주는 포구로 가보자. 그 곳에서 사람냄새, 자연이 어우러진 역동성에 삶의 의욕을 되찾을 수 있을 것이다. 시인이자 여행가인 김인자 님이 소개하는 가볼 만한 대표적인 포구 20곳 수록. 볼거리, 먹거리와 함께 서정성 넘치는 글로 포구의 낭만, 삶의 현장을 소개.
대국전판 올컬러 / 224쪽 / 12,000원

골프 90타 깨기 김광섭 지음
90타를 깨고 싱글로 진입할 수 있게 해주는 실전 골프 테크닉서. 스트레칭, 세트 업, 드라이버 스윙, 샷, 어프로치, 퍼팅, 벙커 샷 등의 스윙 원리를 요점을 짚어 정리해 놓았으므로 골퍼 자신의 잘못된 스윙을 바로잡는 데 많은 도움이 될 것이다. 또한 연습장에서 스윙을 하는 방법도 수록해 골프의 재미를 한층 더 배가시켜 즐길 수 있게 하였다. 4×6배판 변형 / 148쪽 / 11,000원

생명이 살아 숨쉬는 한국의 아름다운 강 민병준 지음
물놀이를 하는 아이들, 재첩을 잡는 사람들, 두물머리에 서 있는 연인들. 이 모습은 우리나라의 강변에서 볼 수 있는 정겨운 장면이다. 우리나라의 대표적인 강 15곳을 엄선하여 찾아가는 방법, 먹거리, 잘 곳 등을 함께 수록. 또한 강과 연관 있는 인근의 볼거리를 수록하여 가족이나 연인 사이에는 추억을 만들고, 자녀와는 역사공부도 할 수 있게 내용을 아기자기 하게 꾸민 강 여행서.
대국전판 올컬러 / 168쪽 / 12,000원

틈나는 대로 세계여행 김재관 지음
다른 나라를 알고 다른 문화를 알고자 하는 노력은 결국 내 자신의 정신세계를 풍요롭게 하는 일이다. 그리고 여행이 정신세계를 풍요롭게 하는 데 좋은 도구가 될 수 있다. 이 책에는 도전과 모험을 꿈꾸는 사람이라면 한 번은 가보아야 할 세계의 오지에 대한 이야기가 실려 있다. 저자가 엄선한 28개국의 오지에 대한 감상, 교통편, 알아두면 편리한 상식 등이 수록되어 있으므로 여행에 대한 사전 지식을 쌓는 데 많은 도움이 될 것이다.
4×6배판변형 올컬러 / 368쪽 / 20,000원

KLPGA 최여진 프로의 센스 골프 최여진 지음
KLPGA 출신 처음으로 쓴 골프 길라잡이. 신체 조건이나 골프채의 길이 또는 무게, 스윙 기초에서부터 기술적인 부분까지 미세하게 다른, 그동안 필자가 골프를 하면서 여성으로서 느꼈던 애로사항과 노하우를 담아 모든 골프 마니아들에게 실질적인 도움을 주고 스코어를 줄일 수 있는 해답을 찾게 해줄 것이다.
4×6배판변형 올컬러 / 192쪽 / 13,900원

해양스포츠 카이트보딩 김남용 편저
국내 유일의 카이트보딩 자격증 소지자가 소개하는 국내 최초의 카이트보딩 안내서. 친절한 안내와 기술 향상을 위한 지식을 담고 있어 초보자에서 마니아에 이르기까지 훌륭한 동반자가 되어줄 것이다. 신국판 올컬러 / 152쪽 / 18,000원

KTPGA 김준모 프로의 파워 골프 김준모 지음
골프의 기원과 역사를 비롯하여 골프의 기본 기술을 체계적으로 숙달할 수 있는 효과적인 연습법, 골프에게 필요한 기본 상식들을 모두 수록하였다. 골프를 더욱더 깊이 이해하고 골프를 즐기고 골프를 통하여 삶의 활력소를 얻을 수 있을 뿐만 아니라, 진정한 골퍼로서 거듭날 기회를 제공해줄 것이다.
4×6배판변형 올컬러 / 192쪽 / 13,900원

골프 80타 깨기 오태훈 지음
80타를 깨고 70타로 진입하겠다는 목표를 세운 골퍼들을 대상으로 스윙의 이론적 풀이보다는 여러 가지 상황에서 위기를 모면할 수 있도록 도와주는 기술과 깨끗한 마무리, 전체적인 스코어를 낮추는 데에 중점을 둔 싱글을 위한 실전 골프 테크닉서로, 이 책만 따라하면 최고의 골퍼를 향한 목표에 도달할 수 있을 것이다.
4×6배판 변형 / 132쪽 / 10,000원

신나는 골프 세상 유용열 지음
'sbs 골프' 골프해설위원 유용열 프로가 쓴 골프의 모든 것이 담겨있다. 아마추어에서 비기너, 싱글 수준의 골퍼에 이르기까지 이 책을 보면서 하루에 한 가지씩 배우고 익힐 수 있도록 하였다.
4×6배판변형 올컬러 / 232쪽 / 16,000원

sbs 골프
골프해설위원 유응열 프로의

신나는
골프 세상

2006년 3월 15일 제1판 1쇄 발행
2008년 8월 10일 제1판 5쇄 발행

지은이/유응열
펴낸이/강선희
펴낸곳/가림출판사

등록/1992. 10. 6. 제4-191호
주소/서울시 광진구 구의동 57-71 부원빌딩 4층
대표전화/458-6451 팩스/458-6450
홈페이지 http://www.galim.co.kr
e-mail galim@galim.co.kr

값 16,000원

ⓒ 유응열, 2006

저자와의 협의하에 인지를 생략합니다.

ISBN 978-89-7895-231-6 03690

가림출판사 · 가림M&B · 가림Let's의 홈페이지(http://www.galim.co.kr)에 들
어오시면 가림출판사 · 가림M&B · 가림Let's의 신간도서 및 출간 예정 도서를
포함한 모든 책들을 만나실 수 있습니다.
온라인 서점을 통하여 직접 도서 구입도 하실 수 있으며 가림 홈페이지 내에서
전국 대형 서점들의 사이트에 링크하시어 종합 신간 안내 및 각종 도서 정보,
책과 관련된 문화 정보를 받아보실 수 있습니다.
또한 홈페이지 방문시 회원으로 가입하시면 신간 안내 자료를 보내드립니다.

**자비 출판 안내

다양한 취향과 개성이 표출되면서 출판 분야 또한 다양화되고 소량화되어 갑니다. 가히 다품종 소량 출판의 시대라 할 수 있습니다.

가림출판사에서는 숨은 원고를 발굴하여 세상에 선보이고자 하는 취지로 주문형 출판을 해 드립니다. 아끼는 원고를 책으로 만드시려면 저희 가림출판사에 문의하시기 바랍니다. 20년 이상의 출판 경험을 활용하여 적절한 가격으로 귀하의 품위를 지켜 드립니다. 자비 출판이란 저자가 제작 비용을 부담하고 출판사가 제작과 사후 관리를 담당하는 시스템입니다. 다음과 같은 부대 사항을 당사에서 대행해 드립니다.

- 원고를 책으로 제작
- 출판등록과 국제 문헌번호(ISBN) 부여
- 대한출판문화협회에 납본
- 판권 보장
- 당사 거래 전국 서점에 유통 및 관리

자세한 내용은 저희 출판사로 문의해 주시기 바랍니다.

TEL : 02 - 458 - 6451   FAX : 02 - 458 - 6450
홈페이지:http://www.galim.co.kr   E-mail : galim@galim.co.kr